7 LECCIONES PODEROSAS PARA TENER ÉXITO EN LOS NEGOCIOS

7 LECCIONES PODEROSAS PARA TENER ÉXITO EN LOS NEGOCIOS

Yassini A. Kapuya

TBX- Business Consulting Co.
Stanford, California.

Todos los derechos reservados. Ninguna parte de esta publicación puede ser reproducida, almacenada en un sistema de recuperación o transmitida en ninguna forma, o por ningún medio, electrónico, mecánico, fotocopiado, grabado, o algún otro, sin el permiso por escrito previo del dueño de los derechos. La excepción es que cualquier parte de esta publicación puede ser usada en una reseña breve como parte una revisión.

Copyright © 2016 by Yassini A. Kapuya

ISBN:1535262923

Publicado por TBX- Business Consulting Co.
P.O. BOX 19604 Stanford, CA 94309

www.tbxconsulting.com

Primera edición 2016

Título original en inglés: The 7 Powerful Lessons to Succeed in Business

Traducido y editado por Ana Costa Alongi
anacostaalongi.com

Diseño del libro por Sigillum Design Studio
SigillumDesign.com

Impreso en los Estados Unidos

AGRADECIMIENTOS

Agradezco especialmente a mi padre, Athumani Kapuya, quien me enseñó a trabajar duro y mantenerme enfocado en la tarea por delante. A mi madre, Tausi, quien me dio amor incondicional, y a mis clientes, quienes me dieron retroalimentación durante los últimos 20 años en el negocio. Mis clientes me enseñaron la realidad de los negocios y me inspiraron para escribir este libro. Ahora puedo compartir con usted mis experiencias, que he aprendido dirigiendo mi propio negocio.

Gracias a mis amigos y familia, que nunca se dieron por vencidos conmigo, por su apoyo y consejo.

Doy gracias en especial al señor Christopher Dismuke, al señor Booker Smith, y al señor Maurice Rhymes.

Gracias a mi hijo, Amani Kapuya, por el apoyo y ánimo que me dio la primera vez que le dije que iba a escribir un libro acerca de Las 7 lecciones poderosas para tener éxito en los negocios.

También doy gracias especialmente a los profesionales que tomaron tiempo de sus agendas, normalmente muy apretadas, para editar el material de este libro.
Prof. Elizabeth S. John, Mercadotecnia y Derecho Comercial.
Mr. Terry Broderick, Consultor de Ventas.
Prof. Jeff Woodcock, Comercio Internacional.
Ms. Gina Ryan, maestra de Inglés.
Mr. Gregory Jurin, Asistente de Mercadotecnia, Chevron
Mrs. Ana Costa Alongi, Autora, traductora y editora de Español.

INTRODUCCIÓN

Al leer este libro y seguir las instrucciones paso a paso, usted estará en camino hacia el éxito en los negocios y en su vida personal. El libro está escrito en base a mi experiencia de más de 20 años en los negocios, la atención al cliente y la vivencia personal. Comencé el negocio en 1992 con menos de 100 dólares. La única cosa que me mantuvo en marcha fue mi sueño y mi autoestima. Todos ustedes que están leyendo este libro pueden comenzar a creer en su propio sueño, y solo ustedes lo pueden convertir en realidad. Una vez que termine de leer este libro, usted aprenderá que el verdadero cambio comienza dentro de usted y que no hay ninguna magia.

1. EL PODER DE LA VISIÓN
2. CÓMO CREAR SU PROPIA CONFIANZA
3. CÓMO SER ORGANIZADO
4. EL COMPORTAMIENTO DEL CONSUMIDOR
5. LA IMPORTANCIA DEL MARKETING
6. EL COMPROMISO (ESFORZARSE POR LO MEJOR)
7. ÉTICA (LA REGLA DE ORO)

Mi segundo libro publicado en inglés, *Life Is an Uneven Road*, ya está disponible. En este trabajo usted encontrará más ayuda en diferentes tópicos. Mi tercer libro publicado en inglés, A Sale Guru's Secret, también está disponible.

ÍNDICE

Introducción - 6

CAPÍTULO UNO
EL PODER DE LA VISIÓN - **13**
A. Transformando sueños en realidad
B. Predecir el retorno sobre la inversión (RSI)
C. Rotación del inventario principal (RI)

CAPÍTULO DOS
CÓMO CREAR SU PROPIA CONFIANZA - **29**
A. Deseos internos
B. Influencias externas
C. Pensamiento positivo

CAPÍTULO TRES
SER ORGANIZADO - **43**
A. Definir una meta clara
B. Tener un plan de negocios
C. Establecer una fecha límite

CAPÍTULO CUATRO
EL COMPORTAMIENTO DEL CONSUMIDOR - **59**
A. La identificación de la base de clientes
B. Influencias externas
C. Influencias internas

CAPÍTULO CINCO
LA IMPORTANCIA DE LAS ACTIVIDADES ENFOCADAS HACIA LA VENTA. Las 4 P - **73**

A. Precio
B. Producto
C. Punto estratégico, ubicación
D. Promoción

CAPÍTULO SEIS
EL COMPROMISO. ESFORZARSE POR LO MEJOR - **89**
A. Productos o servicios de calidad
B. Un excelente servicio al cliente

CAPÍTULO SIETE
ÉTICA. LA REGLA DE ORO - **103**
A. Hacer lo correcto
B. La persistencia y la paciencia

Recursos - **116**
Acerca del autor - **124**

PREFACIO POR YASSINI A. KAPUYA

La mayoría de la gente se pregunta cómo mejorar la vida, sobre todo cómo empezar su propio negocio. En general, todo el mundo tiene algún tipo de visión de la clase de negocio sobre el que quieren estar imaginando o soñando, y tal vez emulando a alguien que admiran. La verdad es que casi todo lo que usted quiera hacer en esta vida, ya ha sido hecho por otros. Es solo una cuestión de saber quiénes y cómo lo hicieron de manera que pueda seguir los ejemplos. No hay nada mágico en ellos, es solo trabajo duro, mantenerse enfocado, tener confianza y creer en sí mismo. Si ellos pueden hacerlo, usted puede hacerlo también. Hay un dicho famoso: "Apunta hacia la luna, pues aunque te equivoques iras a parar a las estrellas." Usted está aquí, en este mundo, para marcar la diferencia para usted, la familia, la sociedad y su país. Todos los cambios comienzan con usted como individuo. Elija a quien más admire y desee emular. Puede ser alguien de su familia, o puede ser otra persona. A veces, el éxito viene de diferentes direcciones.

"Por cada uno de nosotros que tiene éxito, hay alguien allí que te muestra el camino de salida. La luz no siempre tiene que estar necesariamente en tu familia, para mi fueron los maestros y la escuela".—Oprah Winfrey.

Usted, amigo que lee este libro, está un paso adelante hacia el éxito. En este libro va a aprender las 7 lecciones más poderosas sobre cómo iniciar su propio negocio y tener éxito en este mercado competitivo del siglo 21. He incluido citas famosas y gente que le inspire. También, he sugerido recursos empresariales y referencias de libros para seguir avanzando en su conocimiento.

ASEGÚRESE DE PRACTICAR LO QUE APRENDE, DE LO CONTRARIO
NO LE HARÁ NINGÚN BIEN.

CAPÍTULO UNO

VISIÓN

¿PORQUÉ COMENZAR LAS COSAS CON UN FIN EN MENTE?

— RESEÑA DEL CAPÍTULO UNO —

VISIÓN: Es la capacidad de ver por delante, hacia su destino, antes de llegar allí. Si desea iniciar un negocio, comience con el fin en mente. Establezca una meta clara. La visualización mental de la meta servirá como un mapa para llegar allí. Por ejemplo, usted puede decir que quiere empezar un negocio de peluquería o una guardería. Esto define claramente lo que usted quiere y le ahorrará tiempo y energía en vez de ir en círculos.

CAPÍTULO UNO

EL PODER DE LA VISIÓN

"No hay que subestimar el poder de una visión. El fundador de McDonald, Ray Kroc, imaginó su imperio mucho antes de que existiera, y vio cómo llegar allí. Él inventó el lema de la compañía – 'Calidad, servicio, limpieza y valoración'– y lo mantuvo repitiendo a los empleados por el resto de su vida". —Kenneth Labich.

La visión es la capacidad de ver las cosas mucho más allá de su alcance. Comenzar su propio negocio puede ser un desafío, porque usted está pensando en muchas cosas inciertas tales como los desastres naturales, la falta de capital, la negatividad de la gente, y muchos más desafíos, los cuales no está seguro de cómo superar. Nada de eso debe asustarle. El éxito en los negocios depende principalmente de la capacidad para convertir los objetivos de la visualización mental en acción de manera que puedan convertirse en realidad: la manera que desea ver el negocio en el futuro. Debe estar dispuesto al sacrificio para alcanzar la meta. Una gran cantidad de hombres y mujeres han pasado por muchos de los mismos desafíos en los que usted puede estar pensando o que enfrenta ahora. El presidente de los Estados Unidos de 1933 a 1945, Franklin D. Roosevelt, tenía una cita famosa que decía: "No temas a nada más que al miedo mismo." Debe comenzar por imaginar su intención, y luego puede transformar su imaginación en su visión mental. A continuación, tome medidas para hacer que el sueño se haga realidad. Sólo usted puede hacerlo. Tenga en cuenta que Dios no sólo le da las cosas que quiere, sino que le da la oportunidad de conseguir lo que usted está anhelando. Por lo tanto, queda en sus manos el ir a buscar el tesoro escondido.

En general, todo el mundo está aquí, en este mundo con un sentido de propósito, entonces trabaje duro para lograr el objetivo, porque en la vida no hay tal cosa como un almuerzo gratis. Por ejemplo, si alguien le da el dinero para ir a la escuela o para iniciar su propio negocio, usted debe hacer la tarea y asistir a clase, o el dinero no va a hacer ningún bien y va a fracasar en la escuela. En los negocios, puede tener todo el capital que quiera, pero si no está dispuesto a trabajar duro y a hacer compromisos, irá a la quiebra. La gente va a darle una oportunidad, tal como dinero de puesta en marcha o algo más, para ver que tan bien lo hace. Luego, su compromiso con la visión determinará si va a tener éxito o a fracasar. No hay nadie a quien culpar excepto a usted mismo. Por lo tanto, debe tener una visión clara que proporcione imágenes de un futuro deseable. La mayoría de las veces, las mejores empresas se fundan en una visión motivada.

MI VISIÓN ES:
1.
2.
3.

Para alcanzar su sueño, tiene que comenzar por preguntarse lo siguiente, "¿Qué es importante para mí en la vida?". Luego visualizar la imagen de lo que quiere llegar a ser. Su sueño puede ser acerca de cómo iniciar un negocio, (o algo más), y que dentro de uno, cinco, diez años y más allá, usted está haciendo más progresos para llegar a su destino. No se puede empezar algo que no se puede ver, por lo que su visión será su luz. Puede empezar a pensar en el tipo de negocio que desea iniciar, y ser específico. Cuando Bill Gates estaba creciendo, leyó todos los libros sobre Napoleón Bonaparte que pudo encontrar. Esto estimuló su imaginación, se expandió lo que sentía era posible, y por lo tanto se imaginó que podía cambiar el mundo. Sólo recuerde que la mayoría de las cosas son posibles, pero hay que tener la valentía de tomar medidas. Por ejemplo, los ingenieros civiles, arquitectos, productores de cine, y los compositores tienen una visión antes de que comiencen. Los ingenieros civiles visualizan cómo la carretera o puentes se van a ver, luego elaboran, y siguen el proyecto original paso a paso durante la construcción, de la misma manera los arquitectos tienen un proyecto original cuando construyen una casa. No hay diferencia en el inicio del negocio. No se puede construir un negocio si usted no comienza con una visión mental de qué tipo de negocio desea iniciar. La mejor manera es comenzar siempre con el resultado final en mente.

En resumen, es necesario prever adónde va a comprar los suministros, dónde ubicar el negocio, el costo de bienes y servicios, y los requisitos legales. Asimismo, tendrá que tener una imagen mental de la proyección financiera. Es necesario investigar el margen de beneficio del producto, la capacidad de mover el producto fuera de los estantes para un buen volumen de ventas, y su capacidad general para sobrevivir. Esta imagen mental tiene que ser por escrito para ayudarle a ver el cuadro completo de la meta.

Retorno de la inversión. Asegúrese de que usted va a tener un buen retorno de la inversión. Puesto que el negocio es un intercambio de bienes y servicios a los que un valor ha sido asignado, usted está en el negocio de vender los productos o servicios para obtener un beneficio. Hay muchos factores a considerar en la visión que va a determinar la ganancia final. El beneficio será el costo de los productos o servicios (costos de los bienes) menos todos los gastos operativos. Si el costo de las mercancías es demasiado alto para obtener la ganancia apropiada, hay muchas alternativas. Usted puede ser capaz de encontrar un proveedor más barato para el mismo producto o puede cambiar el producto. Puede aumentar el precio de venta, cambiar la ubicación de la empresa, o reducir los gastos de operación. Puede utilizar un proveedor diferente si el producto tiene múltiples proveedores. Usted puede ser capaz de comprar el producto a un costo menor de un proveedor alternativo que cobre menos. Si eso no funciona, considere la posibilidad de vender un producto diferente, con un margen de beneficio más alto, como joyas.

Tenga en cuenta la ubicación. A veces no es lo que usted vende, es donde se está vendiendo. Por ejemplo, un comerciante puede ser capaz de vender una camiseta por 20$ en un lugar exclusivo, y en otro lugar, como en un centro comercial, puede vender sólo si tiene un precio de 10$ o menos.

Esto puede ser debido a la competencia, la demanda y el poder adquisitivo de la zona. La ubicación a veces puede determinar la cantidad a cobrar y la calidad del producto que la gente desea. Es necesario fijar el precio del producto adecuadamente, en función del valor del mercado.

Tenga en cuenta los costos fijos y variables. Si los costos como el alquiler, la mano de obra, los seguros, los servicios públicos, la publicidad, etc. son demasiado altos, puede que tenga que considerar mudarse a donde sería más asequible. Busque un alquiler más accesible y los costos variables más viables para hacer funcionar el negocio. Su visión va a ayudar a dar forma a el plan para que pueda tener éxito y seguir operando.

Margen de utilidad bruta y ejemplo de aumento de precio:

1. Cantidad de producto = 10
2. Costo de los bienes 3$ x 10 = 30$
3. Costo de bienes vendidos= 20$
4. Aumento deseado=50$
4. Precio de venta = (Aumento deseado + Costo de los bienes + Costo de bienes vendidos) 100 $ = 50$+ 30$+ 20$
5. Precio de venta / artículo = 100/10 = 10$
6. Aumento = 10$ - 3$ = 7$
7. Beneficio neto (100 -30-20) = 50$

Punto de equilibrio = (Gastos por operaciones + el pago anual de la deuda) / margen de beneficio bruto.

Punto de equilibrio: Esto ayudará a conocer la situación financiera. Si tiene que hacerlo, puede aumentar los ingresos, de lo contrario se va a quedar sin negocio.

Resumen de Ganancias y Pérdidas: Se debe preparar una declaración de pérdidas y ganancias, que detallará día a día o mes a mes, el total de ventas y los gastos incurridos para generar la pérdida o la ganancia.

Capítulo Uno
El Poder de la Visión

Rotación de Inventarios: Puede vender casi cualquier cosa, pero la pregunta es ¿dónde y cuándo? Asegúrese de que todos los productos que compra para vender tienen un tiempo muy mínimo de rotación. Usted no quiere que un producto permanezca en el estante por un tiempo muy largo. Quiere vender antes de que pierda el valor o expire, y entonces tenga que tirarlo. Cuanto más tiempo un inventario permanece en un estante, más pierde el valor. En última instancia, el almacenamiento le costará más, y también reduce el capital en efectivo para reinvertir. Cuando compra productos a un mayorista o un distribuidor, tenga en cuenta que quiere los productos que tienen un mejor beneficio de retorno.

Usted quiere un tiempo de rotación de inventario razonable para el mercado en particular que elija. Es por eso que tiene que investigar el tipo de clientes para que pueda satisfacer las necesidades y deseos. Si los productos que vende tienen un alto rendimiento cubriendo los costos, o aumentan de valor mientras permanecen en el estante —como una marca de alcohol o cualquier tipo de antigüedades—, puede contentarse con un tiempo rotación lento. Sea muy prudente sobre lo que compra, y con el distribuidor o productor. Esto le ayudará a determinar la calidad, los precios y la demanda en la ubicación.

Crea en usted mismo. Tendrá éxito y un buen desempeño si está involucrado en algo que realmente le gusta hacer y adquiere los conocimientos sobre los productos o servicios que entrega. Por ejemplo, es posible que desee iniciar una actividad, tal como:

Barbería
Guardería
Diseño de paisajes
Salón de belleza
Joyería
Consultoría

Una vez que tiene un negocio, o desea iniciar uno, la visión guiará la declaración de la misión y el resto del plan estratégico del negocio. Al creer en usted mismo, en lo que puede hacer, todo va a ser posible y la única cosa que lo va a parar es usted mismo. Por ejemplo, puede tener una visión de la apertura de una escuela privada desde el primer grado hasta la secundaria. Imagina que la escuela ya está abierta. Los estudiantes están llegando con los padres, los profesores están enseñando bien, y toda la administración y la escuela van bien. Imagina que la matrícula que los padres están pagando, es suficiente para pagar a los empleados, y le permite guardar suficiente dinero para cuidar de usted y su familia. Cada año ve que los estudiantes se gradúan, van a la universidad, y los nuevos que entran y salen de la escuela. Permanece enfocado, proporcionando excelentes resultados académicos, un ambiente agradable en la escuela, los estudiantes desempeñándose bien y los padres apoyando a la escuela. Tiene que escribir estas ideas. Cuando llegue el momento de tomar medidas, todo lo que ve en su mente debe estar escrito bien y claro. Puede hacerlo. No tiene que empezar en grande. Por ejemplo, algunas empresas se han puesto en marcha en casa, en el garaje, pero han tenido una visión con un fin en mente. Entre ellas podemos citar:

Microsoft
Apple
Disney
Amazon.com
Xerox

Muchas personas dicen que saben de negocios y quieren empezar uno, pero no tienen el capital. Comenzar el propio negocio incluye oportunidad, así como riesgo, y los beneficios son la recompensa de tomar el riesgo. Hay muchas maneras de obtener capital para el negocio. Antes de adquirir el capital, usted debe preguntarse: ¿Es usted una persona emprendedora?, ¿cómo se siente acerca de tomar riesgos?, ¿es usted creativo, optimista?, y así sucesivamente. Si es así, entonces puede elegir el negocio correcto para usted y escribir el costo inicial. De esa manera, sabrá cuanto necesita y lo que va a hacer con el dinero.

Solicitando un préstamo: La mayoría de los oficiales de crédito bancario, familiares y amigos, y otras personas, están dispuestos a dar préstamos a una empresa que obtiene ganancias. Buscan las Seis "C" de préstamos comerciales antes de darle el dinero:

    1. Carácter - La evidencia de la credibilidad.
    2. Capacidad - Gestión empresarial.
    3. Competencia - El plan de negocios debe mostrar una buena proyección financiera.
    4. Condiciones – La cantidad que necesita, que es lo que va a hacer con el dinero y cuando va a devolverlo.
    5. Contexto – Explique en detalle la naturaleza del negocio.
    6. Colateral

Si no puede cumplir con todos los requisitos para obtener un préstamo, es posible que el banco necesite asegurar el préstamo con un activo, tal como una casa, en caso de que no pueda pagar el préstamo.

DÓNDE OBTENER UN PRÉSTAMO:

PRÉSTAMO DEL BANCO - Normalmente, un oficial de préstamo bancario requerirá la calificación de crédito para ver si usted paga las cuentas a tiempo y el plan de negocio. Esto le dará una idea clara acerca de su rendimiento empresarial. Es posible que necesite garantías, tal como una casa, en caso de que no pague, y el oficial va a querer saber de su experiencia en los negocios.

FAMILIA Y AMIGOS - Deben confiar en usted, estar dispuestos a darle un préstamo, y tener dinero para prestar. A veces, es posible que necesiten saber que usted ha estado en el negocio por un tiempo, para que puedan confiar en usted y le concedan un préstamo basado en la fortaleza de su carácter.

CAPITAL POR INICIATIVA PROPIA - Es necesario trabajar duro. Puede que tenga que trabajar en dos empleos, uno para las facturas y el otro para el ahorro de capital, o puede que tenga que tener un empleo y un negocio de tiempo parcial. Depende de cómo usted quiere obtener el capital. Sólo recuerde, la vida no es fácil, hay que trabajar duro, mantenerse enfocado, y ser paciente. Esta alternativa de iniciativa propia es muy dura, pero es muy común. Mucha gente financia su propio negocio al comenzar. Pregúntese a usted mismo como hicieron las personas que actualmente manejan un negocio o empresa. ¿Se levantaron una mañana y encontraron el dinero en la mesa, o tuvieron a alguien que simplemente les entregó el dinero? La verdad es que la mayoría empezaron con poco o nada y se convirtieron en lo que son ahora. Lo mejor para usted es que haga un poco de investigación, hable con ellos, y vea lo duro que trabajan y lo pacientes que son en la búsqueda de su sueño. Lea historias acerca de gente como Steve Jobs (el fundador de Apple Computer), Reginald Mengi (el industrial tanzano y magnate de los medios), y Oprah Winfrey (conductora del programa de entrevistas más popular de la historia moderna). Puede aprender de muchas personas que tienen éxito en los negocios en el mismo barrio, ciudad o país, y descubrir cómo empezaron. Una vez que se de cuenta de lo que han tenido que pasar, va a ser un punto de partida para que pueda hacer lo mejor posible en la búsqueda del capital. Con confianza, irá más allá para buscar capital para negocios.

"El éxito parece estar relacionado con la acción.
La personas exitosas se mantienen en movimiento.
Cometen errores, pero no se dan
por vencidos".—Conrad Hilton, Hilton Hotels

Lo mejor de hacer las cosas a su manera es que será recompensado, no sólo por el éxito del negocio, sino que también habrá ganado la admiración de la familia, la comunidad, y su país, ya que comenzó a partir de poco o nada para tener éxito en los negocios. También puede que se haya convertido en un modelo a seguir para los hombres y mujeres jóvenes. Si ven que él/ella tiene éxito desde el principio con poco capital, van a decir: "¡Yo puedo hacer eso también!" Haga que el sueño empresarial se haga realidad. Sólo comience a tomar medidas para organizar lo que se requiere para iniciar el negocio.

Si no está organizado, es difícil que pueda lograr cualquier cosa. Por ejemplo, consideremos dos personas, a una se le da un capital de $100, y a la otra un capital de $1000. Después de dos o tres años, vuelva para ver cómo les está yendo. Le garantizo que el exitoso es el que estaba bien organizado y siguió la obra maestra de planificación empresarial. Esto le dice que no es sólo la cantidad de capital que tenían, sino que también es que tan duro estaban dispuestos a trabajar para asegurarse de que el trabajo estaba bien hecho, usando la guía de las actividades bien organizadas.

En conclusión: La diferencia entre una persona que toma riesgos y una que no los toma, especialmente en los negocios, es la disposición a sacrificarse y hacer todo lo necesario para transformar la visión en realidad. Todos tenemos sueños, imaginación, o esperanza, pero para que estos ocurran, debe visualizar mentalmente todas las ideas: escríbalos, detallando cada paso que se va a tomar, y luego entre en acción. Hay que separar la fantasía y la realidad. Por ejemplo la gente dice: "Quiero abrir un negocio". Si usted les pregunta qué tipo de negocio, dicen, "Cualquier cosa. Sólo quiero hacer dinero". Bueno, eso es una fantasía. La realidad es que hay que definir lo que realmente quiere. Podría decir, "Quiero abrir una barbería en un plazo de seis meses". Eso es una realidad. Usted empezará a tener una imagen mental.

Anote las ideas sobre el funcionamiento de la barbería. Trate de ser específico acerca de qué tipo de negocio desea iniciar, y permita que la visualización mental lo convierta en una realidad. Si las ideas son vagas, la mente va a estar vagando en círculos y al final del día, usted no habrá logrado nada más que soñar despierto. Por lo tanto, vaya y empiece el negocio hoy. Primero decida qué tipo de negocio desea iniciar.

TIPOS DE PROPIEDAD DE NEGOCIO

Propietario único - Propiedad de un individuo (un solo propietario).
Asociación - Un formulario no corporativo de negocios con múltiples propietarios (dos o más propietarios).
Corporación - entidades constituidas que tienen un número de accionistas (jurídicamente distinta del propietario y la responsabilidad personal por la deuda de la corporación).
Sociedad de Responsabilidad Limitada (LLC) - Una empresa no constituida

en sociedad o la empresa que proporciona responsabilidad limitada a los propietarios para protegerlos de que los acreedores no puedan perseguir sus bienes personales para pagar la deuda del negocio.

LAS PREGUNTAS MÁS IMPORTANTES PARA HACERSE A USTED MISMO SON:

- ¿Cuáles son mis productos o servicios?
- ¿Quién los va a comprar y por qué?
- ¿Quién es mi competidor?
- ¿Cuánto debo cobrar?

ALGUNOS DE LOS REQUISITOS LEGALES:

- Licencia de la ciudad de la zona
- Licencias de negocios
- Permisos de ventas
- Declaración del nombre ficticio de la empresa (DBA)

HACIENDO NEGOCIOS EN OTRO PAÍS

Si la visión es la de iniciar un negocio en un país extranjero, tenga en cuenta que cada país es diferente, pero la mayoría de la gente va a ir a través de algunos de los mismos procedimientos. Es posible que tenga que llamar o ir a ese país en particular, puesto que las reglas y las regulaciones cambian de un país a otro y de vez en cuando. Por ejemplo, usted puede intentar:

Una empresa conjunta - Encuentre a alguien que pueda ayudarle a establecer un negocio en el extranjero; alguien que le ayude a entender mejor la demografía y la mezcla de marketing del país. Para más información puede dirigirse a www.jointventure.com.

Comprensión de la cultura de otra gente - el lenguaje común, las costumbres y el protocolo le ayudará a que la gente sienta que usted se preocupa por ellos, que usted no está allí sólo por el dinero.

Contactando a la embajada - Lea la guía de negocios del país porque las reglas y las regulaciones para hacer negocios son diferentes para cada país. Prepárese.

Visitando el país - Establezca buenos contactos durante la estadía en otro país. Visite a la embajada para más información. En general, utilice cualquier medio que lo oriente adecuadamente para hacer las cosas exitosamente en el extranjero.

Adquisición de conocimientos - Lea la literatura internacional de negocios y hable con las personas que han hecho negocios en ese país.

RESUMEN DEL CAPÍTULO UNO

LA VISIÓN DEL NEGOCIO - Trate de tener una imagen mental tal como si ya hubiera iniciado el negocio, para que pueda pasar por el proceso.

EL RETORNO SOBRE LA INVERSIÓN (RSI o ROI, por las siglas en inglés) - Usted está en el negocio para obtener un beneficio.

LA ROTACIÓN DEL INVENTARIO (RI o ITO, por las siglas en inglés) - Encuentre o compre productos que tengan una alta demanda en el mercado y almacénelos solo el tiempo necesario, en vez de dejarlos que permanezcan en el estante hasta que pierdan valor o caduquen.

CREA EN USTED MISMO - El capital no debe ser lo que le detenga para iniciar la actividad.

PRUEBE CON UN PRÉSTAMO BANCARIO - Los bancos requieren un buen crédito o garantía prendaria (colateral).

FAMILIA Y AMIGOS - Deben estar dispuestos a prestarle dinero, confiar en usted, y tener efectivo para prestarle.

CAPITAL POR INICIATIVA PROPIA - Esto es muy común para mucha gente. Si usted no tiene el capital, entonces debe tener autodeterminación. Hay muchas personas que lo hicieron antes que usted, que partieron de poco o nada y tuvieron éxito. Basta con mirar alrededor y hacer preguntas a esas personas. Las respuestas le darán más confianza en que usted puede alcanzar la meta.

> *"Usted debe tener una visión clara y estar dispuesto al sacrificio para lograr el objetivo en la vida."* —Yassini Kapuya.

COMIENCE POR VISUALIZAR LO QUE CREE. ANÓTELO Y TRABAJE POR ELLO. EL SUEÑO SE HARÁ REALIDAD.

REFLEXIÓN PERSONAL

1. ¿Qué significa visión para usted, en la vida y en el éxito? ¿Qué se ve haciendo en uno, cinco, diez años a partir de ahora y más allá?
2. ¿Cual es el valor que puede cambiar su vida en el futuro? De cara al futuro, ¿qué va a hacer diferente para alcanzar la meta?
3. Mirando a través del plan de futuro, ¿que le impide alcanzar la meta?
4. ¿Cree usted en la Fórmula 5p - pre-preparación-prevenir-pobre-producción? Si es así, ¿por qué?
5. ¿Qué talentos tiene que pueda mostrar al público para ayudarlo a avanzar?
6. Puede cambiar el objetivo, pero mantener el sueño. Usted no sabe lo que le puede deparar el futuro.

RESUMA EN SUS PROPIAS PALABRAS LO QUE HA APRENDIDO EN ESTE CAPÍTULO.

1.

2.

3.

4.

5.

¿COMO VA A APLICAR ESTAS IDEAS EN SU PROPIA VIDA?

CAPÍTULO DOS

CONFIANZA

**CÓMO REFORZAR LA
AUTOESTIMA PARA QUE
PUEDA OBTENER SU
META**

RESEÑA DEL CAPÍTULO DOS

La *confianza* es la herramienta para asegurarse de que su sueño se hace realidad. Siempre nos imaginamos ser alguien en la vida o tener un negocio como su vecino de al lado. Nadie sabe mejor que usted lo que le gusta hacer o lo que sueña con llegar a ser. Entonces, el primer paso es confiar en usted mismo y fomentar la confianza en torno a la visión personal de que usted puede hacerlo.

Tome acción y, eventualmente, su sueño se hará realidad.

CAPÍTULO DOS

CÓMO DESARROLLAR LA CONFIANZA EN SÍ MISMO

"Si no tiene confianza en sí mismo, está dos veces derrotado en la carrera de la vida. Con confianza, usted ha ganado incluso antes de que haya comenzado." —Marcus Garvey

Desarrollar la confianza en sí mismo es muy importante, si no tiene confianza en usted mismo, será muy difícil para usted lograr cualquier cosa en la vida. Recuerde que está aquí para hacer una diferencia para usted, su familia, su sociedad y su país como un conjunto. Entonces, ¿cómo va a cumplir con su responsabilidad como ser humano? A veces necesita ayuda para reforzar su moral. ¡Está bien! Todos necesitamos ayuda en algún momento de la vida. Por lo tanto, lea libros, escuche CDs, asista a presentaciones de conferencistas motivacionales y trate de estar alrededor de gente positiva. De esa manera su mente puede estar libre de todas las cosas negativas con que la sociedad pueda estar alimentándolo. Comience a desarrollar la confianza en usted mismo y esa confianza que construya le ayudará a alcanzar su meta. Porque nadie le impide tener éxito, excepto usted mismo. Su confianza puede ser desarrollada o impulsada por situaciones internas o externas.

Situación interna es cuando la confianza se construye desde adentro. Es muy importante contar con la confianza interna con el fin de lograr cosas en su vida. Si espera a que alguien le ayude, puede ir a través de un largo período de espera, y tal vez al final, no puede obtener la ayuda que estaba buscando. La confianza en sí mismo le empujará para iniciar su propio negocio. Todo lo que ve a su alrededor no sucedió por arte de magia o por un milagro de Dios. Hombres y mujeres como usted y yo, han construido la confianza en sí mismos y entorno a sus sueños. Comenzaron a visualizar los sueños y metas con plena convicción. La lógica dice, lo único que le separa de su sueño es usted, así que debe tomar todas las medidas necesarias con plena confianza hacia el sueño y éste se hará realidad.

Sentarse y quejarse de la vida o de la gente, no va a resolver los problemas y no tendrá éxito. En los Estados Unidos dicen: *"No hay almuerzo gratis!"*. Que significa que tiene que trabajar duro para lograr cualquier cosa. Deje de dar excusas como "no puedo hacer esto o aquello". Si no lo hace, ¿quién va a hacer esas cosas por usted? Todos los días cuando se despierta, trate de planear lo que va a hacer para mejorarse usted mismo. Puede ser un pequeño cambio, pero es mejor que nada. Esos pequeños cambios comenzarán a construir la confianza interna, y verá que si fuera capaz de hacer esa tarea pequeña, entonces puede comenzar a hacer las más grandes.

Cualquiera que sea el plan que tiene que lograr, apunte alto y crea en sí mismo, o encuentre a alguien que ya tiene confianza en esa área y cópielo (a él o ella). La confianza que va a construir desde dentro le va a dar el impulso para moverse a toda velocidad hacia el logro de su meta. Nadie le impedirá llegar a su destino final. El cielo es el limite.

Comience su negocio *hoy*. Puede ser pequeño o grande dependiendo de la cantidad de capital que tiene o que puede obtener. Si comienza pequeño, tiene el potencial de crecer, porque nada permanece igual para siempre. El cambio constante es la ley de la naturaleza. Los cambios comienzan dentro de usted como individuo. Por ejemplo, comenzó gateando y luego caminó, hasta que finalmente fue capaz de correr. ¿Cómo va a lograr algo si nunca empieza? La confianza que se construye desde dentro es la quema de combustible que lo lleva a trabajar duro y a mantener la concentración para que pueda cumplir con el plan y alcanzar el éxito, ya sea en los negocios o cualquier cosa que usted pueda estar planeando lograr.

Además, otras cosas pueden ayudarle a construir la confianza interna. Piense que en algún momento va a dejar este mundo. ¿Cómo quiere que la gente lo recuerde… cómo un perdedor o un ganador? Esa pregunta por sí sola, le hará pensar dos veces antes de perder el tiempo haciendo cosas que no tienen nada que ver con el objetivo intencional o la creatividad. Una famosa cita dice: *"Para lograr grandes cosas, debemos no sólo actuar, sino también soñar: No sólo planea, sino también cree"*.—Anatole France. Por lo tanto, nunca va a lograr nada si nunca empieza. Una persona que teme a iniciar su propio negocio es como una persona que no tiene

Capítulo Dos
Desarrollar la Confianza en sí Mismo

esperanza en la vida. Vivir sin esperanza es como estar medio muerto. En general, mire hacia el futuro y use la palabra *"SI"*. *SI* empiezo un negocio, voy a ganar dinero y cuidar de mi familia. *SI* voy a la escuela, voy a tener una educación y no sólo voy a tener un mejor trabajo, también voy a controlar mi entorno, haciéndolo vívido mediante la participación de los cinco sentidos para ver el futuro. Esto le ayudará a construir la confianza para alcanzar su meta.

Evite los obstáculos psicológicos: el enemigo número uno que le impide iniciar el negocio propio es el obstáculo psicológico. El enemigo viene de dentro. Trate de superar la negatividad interna e imagínese como diciendo, "Sí puedo hacerlo," y entonces la vida que tiene por delante va a ser buena.

Cada vez que desee iniciar algo, (o una empresa), antes de que nadie sepa lo que va a hacer, hay una pequeña voz desde dentro que le dice: "no puedo hacerlo", o, "es demasiado difícil". "La gente va a reírse de mí", o "nadie me va a ayudar". Esa voz es su propio enemigo interno, haciendo que usted se derrote a sí mismo. Con el fin de vencer a esa pequeña voz interna, simplemente diga: "Sí que puedo hacerlo", y vaya y haga lo que cree que es mejor para usted. Voces internas negativas pueden hacer que deje de hacer lo que sea que quiera hacer, porque es su enemigo interno. Una vez que derrote a ese enemigo, el resto es fácil, porque las cosas a su alrededor y la gente que le rodea no pueden afectarlo tanto. Pero no puede evitarse a usted mismo, o huir de usted mismo, ya que los obstáculos psicológicos viene desde dentro. Por lo tanto, trate de superar las situaciones en las que se enfrenta a desafíos innecesarios y no se dé por vencido ni abandone su meta.

Cuando intenta algo, construya la fuerza y la confianza en usted mismo a medida que alcanza la meta soñada. Por ejemplo, si se le da la oportunidad de juzgar los resultados de dos personas a quienes se les ha dado una tarea que nunca han hecho antes, ¿cómo saber la diferencia entre el ganador y el perdedor? ¿Y qué acerca de usted? ¿Es usted parte del grupo de personas que no se esfuerzan por ganar, o para cambiar su entorno de manera de ser capaz de avanzar? Sólo recuerde, las cosas nunca van a mejorar hasta que cambie lo que está haciendo para seguir adelante en la vida. Las personas con confianza van a trabajar con la intención de lograr su sueño, en lugar de quejarse y culpar a otros por su fracaso. Dios quiere que todos tengan éxito, pero es usted quien debe llamar a la puerta del éxito. Por lo tanto, antes de quejarse o culpar a otros, piense dos veces sobre usted y lo que está haciendo mejor que otros, y si no, póngase a trabajar duro. No elabore excusas. La vida es dura, sea duro.

La confianza externa. Uno es a menudo influenciado por fuentes externas o situaciones en las que usted puede tener poco o ningún control. Es necesario actuar y encontrar una solución. Puede encontrarse con diversas situaciones, por ejemplo falta de dinero para pagar el alquiler, o comprar comida, o visitar a un miembro de la familia que vive lejos y está enfermo, o cualquier cosa que sea muy importante para usted. Esa situación necesita una solución inmediata. No creo que vaya a sentarse y empezar a llorar con la esperanza de que el problema vaya a desaparecer por sí mismo. No, tiene que hacer algo para resolverlo. ¿Cómo va a tener el coraje para encontrar una solución? Debe tener confianza en usted mismo, vuélvase creativo y sepa que puede hacerlo. Las otras personas confían en usted. La confianza externa lo empuja a creer que usted puede hacerlo.

Si no encuentra una solución, lo más probable es que va a estar sin hogar, va a morir por falta de alimentos, y se va a enfrentar a muchos problemas que eventualmente afectarán su bienestar. Mire a su alrededor, en su comunidad, o en otro lugar, y pregúntese cómo otros han logrado el éxito en los negocios, y qué es lo que están haciendo tan bien para tener éxito. La respuesta es que tienen una fuerza motriz; la propia confianza. Si sabe que situaciones debieron superar y como lo hicieron, usted puede hacerlo también. La mejor manera de hacerlo es elegir a alguien que admira mucho, como Nelson Mandela, Bill Gates o Reginald Mengi (o cualesquiera otras personas que admire), y tratar de leer sus autobiografías. Si es posible hacerles preguntas, hágalo. O trate de imitar lo que están haciendo.

Lea artículos de revistas sobre los ricos y famosos. Esto le inspirará a construir la confianza en usted mismo. Por ejemplo, hay un comercial que dice: "Yo quiero ser como Michael." La mayoría de la gente sabe que Michael Jordan fue el mejor jugador de baloncesto en los EE.UU. para los Bulls de Chicago, a finales de 1980. El público lo adoraba no sólo

Capítulo Dos
Desarrollar la Confianza en sí Mismo

porque jugaba bien, sino también porque era una persona muy responsable, y mostró esa responsabilidad con sus compañeros de equipo. Se convirtió en un modelo a seguir para la mayoría de la gente. En especial se convirtió en una inspiración para los jóvenes demostrando que si trabaja duro, puede ser el mejor en su propio campo, al igual que Michael Jordan. Cuando oye que alguien es un modelo a seguir y si tiene el coraje de construir la confianza en usted mismo tal como lo hicieron esas personas, sepa puede ser como ellos.

Primero tiene que creer en usted mismo y derrotar a la voz interior negativa diciendo: "No puedo." En lugar de eso dígase a si mismo: "Claro que puedo ser como ella o él," porque ese modelo a seguir es la inspiración y el ejemplo para ayudar a construir la confianza. Salga a la calle como un ganador, y mejore su vida. La única forma en que lo va a lograr es si evita los obstáculos psicológicos, como la negatividad de otras personas. Empiece a escuchar a los oradores motivacionales. Lea libros y CDs motivacionales. Rodéese de gente positiva que lo anime a tener éxito.

- ¿Quien es tu modelo a seguir?
- ¿Qué le impide ser como ellos?
- ¿Cuál es la solución a su problema?
- ¿La mayoría de las personas abandonan sus metas antes de empezar; ¿Es usted una de esas personas?

"Usted puede complacer a algunas de las personas todo el tiempo, pero no se puede complacer a todo el mundo todo el tiempo." —Winston Churchill.

Las personas negativas: Las personas siempre van a ser como son y usted no las puede cambiar o complacerlas todo el tiempo. Algunas personas estarán felices, y algunas descontentas con lo que está haciendo o tratando de lograr. La pregunta es ¿qué tienen que ver esas personas con su vida? Las personas negativas pueden, en cierta medida darle energía, pero recuerde, el enemigo puede hacerlo más fuerte que el amigo. No se enoje ni se desanime con la gente que es negativa hacia su misión personal. En cambio, véalos como una inspiración para hacer las cosas aún mejor de lo que ellos esperaban, porque no pueden hacerle nada. Si deja que su charla lo afecte, ellos logran el objetivo que tienen, que es derribarlo a su nivel bajo de vida. O, si ellos piensan que el éxito que está logrando se está convirtiendo en una amenaza para su propio establecimiento, van a tratar de mantenerlo abajo tanto como les sea posible. Sea prudente y reconozca la negatividad o la maldad.

Las personas negativas pueden hacerlo fuerte, o destruirlo. No se deje atrapar en su campaña de desprestigio al tratar de acabar con usted. Trate de mantenerse alejado del diálogo negativo, y la gente negativa. Son como una enfermedad. Se puede contagiar y comenzar a derrotarse a usted mismo, y decir a los demás que no pueden hacer esto o aquello. A veces puede ser alguien dentro de su propia familia que quiere verlo derrotado. Por otra parte, puede ganar fuerza a través de su familia, ya que usted prestará mucha atención a lo que hace, y aumentará su esfuerzo y creatividad para asegurarse de que hace lo mejor. Hay muchas razones por las cuáles algunas personas pueden ser negativos hacia usted. A veces puede ser la envidia, porque no quieren verlo tener éxito o hacerles competencia. La única manera de superar esto es construir la confianza en sí mismo y hacer lo mejor.

Recuerde, usted no es el único que está enfrentando la negatividad externa de las personas. Si quiere saber lo que le está pasando a otras personas, hable con ellas, pregúnteles y descubra lo que les sucede. Aprenderá más y, a veces puede encontrar que tiene incluso menos problemas que ellas. El conocer las situaciones que pueden estar pasando le ayudará a ver que ellas tienen todos estos problemas, y sin embargo, todavía están haciendo que las cosas salgan bien; estas personas no se dan por vencidas. Ellas tratan de lograr sus metas, o las lograron, mediante la superación de todos los obstáculos en su vida. Al observar esto, usted sentirá que también puede hacerlo. Deje de dar la excusa de que "si pongo este negocio y no funciona, la gente va a reírse de mí". En general, deje que se rían o que digan lo que quieran. Mantenga la cabeza en alto y trate de hacer todo lo que pueda, mantenga la mente en su negocio. EL ÉXITO NO VIENE DE LA NOCHE A LA MAÑANA. NECESITA TRABAJO DURO, PACIENCIA Y MANTENERSE ENFOCADO. La regla en la vida es, cuanto más trata y falla, más se cerca al éxito. No se rinda. Puede cambiar su objetivo, pero no cambie su meta.

Capítulo Dos
Desarrollar la Confianza en sí Mismo

El pensamiento positivo: La mayoría de las veces puede adquirir pensamiento positivo al estar rodeado de gente positiva, leyendo libros, escuchando CDs, y asistiendo a charlas dadas por los oradores motivacionales. Esto le ayudará a ganar la confianza al saber que no está solo. Puede ganar confianza en los negocios o la vida en general, pero lo más importante es que desea llenar su mente con pensamientos positivos y progresar en la vida. Hable con la gente que está dispuesta a ayudarle a tener éxito: el profesor, el grupo religioso, la familia o los amigos. Cualquier persona que vaya a motivarlo para ganar o para construir la fuerza y la confianza en sí mismo que necesita para empezar a lograr la meta soñada. Nunca va a lograr nada sin la auto-motivación que necesita para tener la iniciativa de empezar, especialmente verdaderos negocios.

Lo mejor es escuchar a oradores motivacionales y ver lo que tienen que decir acerca de sus experiencias personales. La mayor parte del tiempo, va a oírlos hablar sobre cómo empezaron y las cosas que tuvieron que pasar para comenzar en la vida. Aprenderá que tener algo no es tan fácil como parece. Requiere mucho trabajo duro. La persona que me ha inspirado más es Brian Tracy. Él es uno de los más poderosos oradores motivacionales en los EE.UU. Aprendí mucho de él y la siguiente es una de sus citas sobre la confianza:

"Una visión clara, respaldada por planes definidos,
le da una tremenda sensación de confianza
y poder personal.".—*Brian Tracy.*

Por ejemplo, para ser el mejor jugador en un deporte, tiene que practicar mucho antes de que pueda ser seleccionado para jugar en un equipo profesional en el que le paguen. En los negocios ocurre lo mismo, tiene que trabajar duro. Al principio puede comenzar con poco capital. A veces puede que tenga que trabajar en dos empleos para aumentar el capital. Antes de abrir una tienda, es posible que quiera comenzar vendiendo una camioneta, o siendo un vendedor ambulante, o vendiendo su producto en un mercado de pulgas al aire libre en clima caliente o frío. A veces puede hacer mucho frío y el viento derriba algunos de sus productos, pero la clave es que lo mejor viene para aquellos que esperan y persisten con su misión. Así que va a pasar a través de todos estos problemas, pero no es el primero o el último en hacerlo. Muchos hombres y mujeres han pasado por situaciones similares, incluso antes de que hayan abierto la puerta de la tienda. Recuerde que en la vida no hay dádivas. Hay que trabajar duro para tener éxito.

Si asiste a conferencias motivacionales, va ha escuchar un montón de testimonios que lo harán sentir que, "yo puedo hacerlo y voy a llegar a mi meta como todos los demás". Todo lo que tiene que hacer es empezar a practicar en lo que cree ahora mismo. Mientras esté comprometido a trabajar duro, proporcionando una excelente calidad, y manteniendo la concentración, va a lograr la meta en la vida. Las personas que están en la conferencia pueden estar pasando por situaciones similares, o incluso sufriendo problemas más difíciles que el suyo. El punto principal es que todos en la conferencia se encuentran en la búsqueda de lograr la confianza en sí mismos. La principal ventaja de asistir a la conferencia es darse cuenta de que no están solos, y de que puede formar una red con otras personas que comparten problemas similares, e intercambiar ideas sobre cómo encontrar una solución común a los problemas. Juntos podemos avanzar en la vida.

Adquiera tanto conocimiento como pueda. Es un arma muy poderosa para lograr la misión en la vida. La persona sin conocimiento camina por la vida medio muerta. Por lo tanto, vaya a conferencias y aprenda lo más que pueda. Empiece a construir la confianza que necesita para hacer una diferencia en la vida. Deje de condenar la sabiduría o la opinión de los demás, porque son diferentes a la suya. Es posible que ambas, la sabiduría y la opinión ajena, estén equivocadas. Entonces, obtenga consejos además de su propio conocimiento, de esa manera tomará las mejores decisiones en la vida.

> *"La manera de construir confianza en sí mismo es empezar a hacer las cosas que usted no está seguro de que puede hacer."—Paul Williams.*

Si tiene confianza, entonces se puede obtener el máximo provecho de las cosas que desea. Por ejemplo, si quiere iniciar cualquier tipo de negocio, pero no sabe dónde encontrar los productos o servicios, necesita ir a encontrarlos en lugares tales como:

- Ferias
- Revistas comerciales
- Sitios Web
- Asociaciones de comercio
- O simplemente pregunte a familiares o amigos

NO DEJE QUE LAS COSAS O LAS PERSONAS LO DISTRAIGAN DE LA MISIÓN. SÓLO CREA EN USTED MISMO, TRABAJE DURO, Y MANTENGA LA MENTE EN EL NEGOCIO. USTED LO LOGRARÁ.

❧ RESUMEN DEL CAPÍTULO DOS ❧

A partir de la situación interna – Evite los obstáculos psicológicos que son el enemigo interno, el cual causa que posponga iniciar el negocio. Tenga un ardiente deseo de hacer una diferencia y ser usted mismo.

Desde la situación externa - Descubre a quién admira más y úselo como modelo a seguir. Trate de ser como ella / él. Sea un líder, no un seguidor. Ponga el ejemplo.

Evite a las personas negativas – Observe su entorno y aprenda de ellos. Conozca cómo otros hicieron progresos, y luego construya la confianza en usted mismo con el fin de lograr el objetivo.

Pensamiento positivo - Tome la iniciativa de ser positivo mediante la lectura de libros de motivación, escuchando CDs, estando alrededor de personas positivas, y asistiendo a las conferencias motivacionales. Así verá que no está solo, y podrá crear una red de contactos con personas que tienen objetivos similares con respecto a lograr la auto confianza.

Convicción completa - Cuando aborda problemas, debe tener coraje y plena confianza y estar seguro de que va a lograrlo.

> *"No espere hasta que la situación sea propicia. nunca sera perfecta. siempre habrá retos, obstáculos y condiciones que serán menos que perfectas. entonces, comience ahora mismo. con cada paso que da, crecerá más y más fuerte, más y más hábil, más y más seguro de usted mismo y más y más éxitoso."* —Mark Víctor Hansen, Citas.

REFLEXIÓN PERSONAL

1. La confianza es la clave del éxito. ¿Cuál es el nivel de confianza en el inicio de una tarea?
2. Si estaba decepcionado de la vida, ¿que fue lo que hizo para reconstruir la confianza?
3. Las personas tienen diferentes opiniones acerca de usted. ¿Tiene suficiente confianza para seguir haciendo lo que cree a pesar de las opiniones de los demás?
4. Si su nivel de confianza es bajo para asumir ciertas tareas, ¿qué va a hacer para mejorar?
5. El ganador es la persona que tiene confianza en hacer lo que el/ella cree, así que ¿qué cree usted que puede lograr?
6. La confianza y sus creencias son las herramientas que le ayudan en la vida, y si no las utiliza, ¿quién cree que va a ayudarlo?

RESUMA EN SUS PROPIAS PALABRAS LO QUE HA APRENDIDO EN ESTE CAPÍTULO.

1.

2.

3.

4.

5.

¿CÓMO VA APLICAR ESTAS IDEAS EN SU PROPIA VIDA?

¿QUE ESTÁ PENSANDO?

CAPÍTULO TRES

SEA ORGANIZADO

**PUEDE SER SU MAPA
HACIA EL ÉXITO**

RESEÑA DEL CAPÍTULO TRES

Sea organizado, entonces será capaz de medir el progreso. Si desea iniciar un negocio, (o si quiere hacer cualquier cosa), debe establecer las prioridades de manera lógica o será difícil poder ver siquiera si está haciendo algún progreso. La mejor manera es tratar de escribir todos los pasos hacia la meta. Por ejemplo, es posible que desee ir de compras. En primer lugar, asegúrese de que sabe lo que quiere comprar. En segundo lugar, necesita el dinero. En tercer lugar, necesita transporte para ir y volver. Esto es sólo un ejemplo, pero la clave es comenzar con "lo primero es lo primero". Esto ayudará a evitar cometer errores innecesarios.

CAPÍTULO TRES

CÓMO SER ORGANIZADO

"El secreto de poner metas productivas es el establecimiento de objetivos claramente definidos, escribirlos y luego enfocarse en ellos varias veces al día con las palabras y emociones que tendríamos si ya los hubiéramos logrado". —Denis Waitley.

La mejor manera de comenzar a organizar las ideas es asegurarse de que escriba lo que está pensando o lo que quiere hacer. De esa manera puede revisar sus pensamientos o la meta personal y objetivo, de una manera vívida. Revise lo que ha escrito y utilícelo como punto de control para ver lo que ha hecho, y lo que queda por hacer. Por ejemplo, cuando va de compras, si anota todo lo que necesita, le garantizo que va a comprar todo y estará dentro de su presupuesto. Otro ejemplo es, a principios de año, escriba lo que va a hacer en el próximo año. El 31 de diciembre de 2016, anote todo lo que quiere lograr en el año 2017. Luego, al final del 2017, verifique lo que ha hecho, y las cosas que no pudo hacer, y pregúntese cuál fue la razón. Esta será la advertencia de que necesita hacer algunos ajustes a su estilo de vida. Escribir las cosas es la mejor manera de organizarse. Anote todo lo que está pensando y eso le ayudará a ver si está haciendo algún progreso hacia la meta. Usted no puede alcanzar la meta a menos que dé un paso a la vez. Comience por escribir los pasos, y luego haga lo primero en la lista. Hay algunas preguntas que puede hacer usted mismo mientras está escribiendo estas cosas, como:

- ¿Por qué quiere tener un negocio propio?
- Dentro de uno o cinco años, ¿en donde le gustaría que esté su negocio con respecto a expansión?
- ¿Cuál es su situación financiera, hoy mismo?
- ¿En qué área del negocio se destaca?

- ¿Por qué los clientes deberían comprarle a usted?
- ¿Quién es tu competencia?

He aquí algunos puntos más que pueden ayudarlo a organizarse, sobre todo en el inicio del negocio. Tenga una meta. Si es posible, defina en una frase qué tipo de negocio realmente desea iniciar. Por ejemplo, "quiero abrir una barbería en seis meses". A continuación, escriba los pasos que se pueden utilizar para medir el progreso. El calendario para establecer el negocio debe incluir la fecha en que desea empezar, y la agenda de actividades para alcanzar el objetivo de abrir una barbería en seis meses. Será difícil, pero tal vez ni siquiera pueda lograrlo si no establece una fecha límite. Por lo tanto, después de anotar los pasos para abrir la barbería, tome medidas y observe cada paso que está tomando para ver si está más cerca de completar su objetivo en el tiempo estimado. De esa manera, cuando se completen los seis meses, el negocio estará en marcha.

Meta: Abrir la barbería en un plazo de seis meses.
Paso 1
Primer mes- Desarrollar una comprensión del negocio.
Paso 2
Segundo mes- Determine la ubicación de la empresa.
Paso 3
Tercer mes- Obtener una licencia comercial y todos los documentos legales requeridos.
Paso 4
Cuarto mes - Encuentre los proveedores.
Paso 5
Quinto mes - Diseñe los anuncios comerciales.
Paso 6
Sexto mes - Abra el negocio.

El ver los pasos y progreso que está haciendo, le dará el empuje y la confianza en que va a lograr el objetivo dentro de los seis meses.

Capítulo Tres
Sea Organizado

*"La persona con una definida y clara imagen de un deseo
o ideal SIEMPRE delante de él,
hace que a través de la repetición se entierre profundamente
en su mente subconsciente y por lo tanto se active,
gracias al poder generativo y sustentador,
para realizar su objetivo en un mínimo de tiempo y con un
mínimo de esfuerzo físico.
Sólo persiga el pensamiento sin cesar.
Paso a paso va a lograr la realización,
porque todas sus facultades y poderes
están dirigidas a ese fin".* —Claude M. Bristol.

¿CUÁL ES SU META?

1.

2.

3.

4.

¿CUÁLES SON LOS PASOS PARA LOGRAR ESE OBJETIVO?

1.

2.

3.

4.

DECLARACIÓN DE OBJETIVOS

Una vez definido el objetivo y siendo este claro para usted, escriba la declaración de objetivos. Esto actúa como la razón para estar en el negocio. Al iniciar el negocio, tenga en cuenta que debe tener una razón que no sea sólo hacer dinero. Si ese es su objetivo principal, entonces fracasará en el negocio en poco tiempo.

> *"Si trabaja sólo por dinero, nunca lo logrará,*
> *pero si le gusta lo que está haciendo y*
> *siempre pone al cliente primero,*
> *el éxito será suyo."* —Ray Kroc.

La declaración de objetivos debe decir por qué está en el negocio e incluir las expectativas del cliente.

Objetivo - Mi barbería es un tipo de negocio que se ha comprometido a traer un nuevo estilo, conveniencia, bajo precio y excelente servicio al cliente.
Clientes - Ellos esperan un nuevo estilo en cortes de pelo, el mejor servicio al cliente y un precio bajo.

Si puede contestar qué es lo que sabe bien del negocio que desea iniciar, por qué le gusta hacerlo, y por qué los clientes necesitan sus productos y servicios, entonces, cuando las cosas se pongan difíciles, continuará aguantando hasta que las cosas se pongan mejor. De lo contrario, se va a dar por vencido porque no ama lo que hace, está en el mercado equivocado para el negocio, o no sabe cómo manejar ese negocio en particular. Intente algo diferente. Un ganador nunca se cierra y no se conforma con cualquier cosa. Siga intentándolo hasta llegar al objetivo final.

La declaración de sus objetivos:

Capítulo Tres
Sea Organizado

La expectativa del cliente:

1.

2.

3.

EL OBJETIVO:

Ha definido claramente el negocio, la declaración de objetivos, y las expectativas de los clientes. Ahora, ¿como lo va a hacer? Debe tener un plan para la puesta en marcha y la operación de la empresa; las ideas no van a suceder por sí mismas.

Quiere abrir una barbería. Si ya sabe cómo manejar una barbería, entonces todo está bien. Si no, puede que tenga que ir a la escuela o obtener ideas mirando a su alrededor, estudiando a aquellos que tienen un negocio similar, o mediante la lectura de libros y revistas para aprender técnicas sobre el negocio que desea iniciar. A veces la mejor manera, si es posible, es trabajar en una compañía de ese tipo y aprender todos los pros y los contras del negocio, para ver si puede hacerlo y si le gusta. Como ya he dicho, no inicie un negocio sólo por dinero. También le debe gustar. El amor por lo que está haciendo es la clave para que pueda seguir adelante, incluso si las cosas se ponen difíciles ...

¿Qué sabe acerca de el negocio?

1.

2.

3.

4.

¿Qué técnicas va a utilizar para aprender sobre el negocio?

1.

2.

3.

4.

5.

6.

DESARROLLAR UN PLAN DE NEGOCIO:

Un plan de negocios es su hoja de ruta. La identificación de las metas y objetivos primarios guiará al negocio hacia el éxito. ¿Alguna vez ha ido a algún lugar sin dirección, o ha entrado en un auto sin saber el destino del vehículo? Sin saber a dónde va, no va a llegar a ningún lado, excepto, posiblemente, yendo en círculos. Lo mismo ocurre en los negocios. Trate de comprender la naturaleza del negocio a través del aprendizaje, o mediante la observación de otras personas, de lo contrario abrirá una tienda a ciegas, vendiendo productos sólo para hacer dinero. Con el tiempo, puede que tenga que cerrar el negocio. En la vida, si no tiene un mapa o la dirección hacia donde viaja, puede terminar en el lugar equivocado y le puede costar la vida. En los negocios, si se ve obligado a salir del negocio en forma abrupta, es posible que deba dinero a personas, o a los bancos, y su vida será miserable. La gente piensa que un plan de negocios es sólo para obtener un préstamo para abrir la tienda. Eso es cierto, pero también le ayuda a visualizar las ideas de negocio; para ver si hay algún beneficio en el negocio que desea iniciar, y también puede servir como la hoja de ruta para llegar a la meta. Así que, adelante, escriba hoy el plan de negocio y vea si puede responder a algunas de estas preguntas. Si es así, entonces puede seguir adelante y empezar a trabajar hacia la apertura del negocio HOY.

PLAN DE NEGOCIO, RESUMEN

RESUMEN EJECUTIVO - ¿Qué tipo de negocio quiere empezar? (al por mayor, al por menor o servicios).

RESUMEN DE NEGOCIO - ¿Qué tipos de productos y servicios va a vender?

ANÁLISIS DE MERCADO - ¿Cuál es el tamaño y el potencial de crecimiento del mercado?

ANÁLISIS COMPETITIVO - ¿Qué le hace mejor que su competidor?

ESTRATEGIA DE MARKETING - La comprensión de la base de clientes para entregar sus necesidades y deseos a tiempo le ayudará enormemente.

PLAN DE GESTIÓN

PLAN FINANCIERO - ¿Cómo va a generar ingresos para pagar los costos variables, costos fijos, y el costo de los bienes vendidos?

DECLARACIÓN DE OBJETIVOS

CLAVE DEL ÉXITO Y PREDICCIÓN DE VENTAS

OBJETIVOS Y TÁCTICAS

PRODUCTOS O SERVICIOS - Aprender de los demás y aprender a utilizar los recursos empresariales para fortalecer el negocio. Además, hablar con una persona de consultoría de negocios para obtener más ayuda.

ESTABLEZCA UN PLAZO DE PARTIDA -Ahora que tiene todo escrito, está viendo cuando va a abrir el negocio. A los seres humanos, por naturaleza, les gusta trabajar bajo presión. Algunos de ustedes recuerdan que esperaron hasta el último minuto para hacer la tarea, o para entregar el trabajo en la escuela. Si tiene que estar en alguna parte a las cuatro de la tarde, debe comenzar a planificar el viaje basándose en el tiempo que necesita para estar allí, o no llegará a tiempo. Lo mismo ocurre en los negocios. Si no se establece una fecha límite, no alcanzará la meta y va a posponer la apertura una y otra vez esperando que suceda un milagro. Reúna todo lo necesario y fije una fecha, una fecha límite, para la apertura del negocio. La fecha le dará un sentido de urgencia y será una guía para ver lo lejos que ha llegado con el plan, y cuánto tiempo le queda para lograr el objetivo.

He mencionado brevemente en el Capítulo Uno ejemplos de algunos documentos jurídicos que pueda necesitar en los EE.UU., y en particular en California. Aquí hay más detalles sobre cómo y dónde obtener los documentos apropiados para el negocio:

DECLARACIÓN DE NOMBRE COMERCIAL FICTICIO (DBA) para asegurarse que nadie está utilizando el nombre ha elegido. Se obtiene en la oficina del condado.
LICENCIA DE LA STATE BOARD OF EQUALIZATION (JUNTA ESTATAL DE IMPUESTOS) para presentar impuestos sobre las ventas. Se obtiene en la oficina local de la State Board of Equalization.
LA LICENCIA para operar como negocio de la ciudad. Se obtiene en las oficinas administrativas de cada ciudad.
EL REQUISITO DE ZONIFICACIÓN DE LA CIUDAD. Se obtiene en las oficinas administrativas de cada ciudad.

Visite a la cámara de comercio local para obtener más información, ya que cada condado, estado y ciudad tiene diferentes reglas y regulaciones con respecto a la forma en que hacen negocios. Para la mayoría de los países extranjeros, póngase en contacto con el encargado de negocios de la embajada.
Por ejemplo, en Tanzania (África Oriental), póngase en contacto con TANZANIA Investment Center (TIC).

Capítulo Tres
Sea Organizado

LOGÍSTICA

Logística es el movimiento de las mercancías y servicios desde el productor o mayorista hacia el establecimiento, y el almacenado apropiado. Asegúrese de que ese proveedor es conveniente para obtener los productos y servicios que necesita. Haga que se los entreguen a tiempo, que estén listos para vender, y que satisfagan las necesidades del cliente. Preste atención a la ubicación del proveedor y a la de su negocio o almacenamiento. Esto es importante para que pueda hacer los arreglos necesarios para el envío de productos al negocio. Por ejemplo, la empresa puede estar localizada:

- EN EL CENTRO COMERCIAL
- EN UNA TIENDA EN UN ÁREA RESIDENCIAL O ÁREA INDUSTRIAL
- EN UN ESPACIO SUBARRENDADO, O EN UNA CALLE COMERCIAL
- EN UN MERCADO DE PULGAS
- EN CUALQUIER LUGAR AUTORIZADO, SIENDO UN NEGOCIO AMBULANTE
- EN LAS FERIAS COMERCIALES, LOCALES O INTERNACIONALES

Asegúrese de que la empresa de transporte y el productor o mayorista son confiables, de manera que pueda obtener los productos a tiempo. De lo contrario, tendrá que hacer un mejor arreglo para que pueda hacer las ventas más puntuales y satisfacer a los clientes, haciendo que los productos lleguen cuando ellos quieren, especialmente durante la temporada de las fiestas, cuando hay mucho trabajo. Por ejemplo, considere el uso de UPS, FedEx, DHL o cualquier otra compañía de correo fiable que puede transportar los productos al mercado.

Para almacenar los productos, sobre todo si va a hacer un envío al extranjero (o si lo que desea es almacenar cosas en el área local), póngase en contacto con estos lugares para más servicios:

- DEPÓSITOS PARA ALMACENAMIENTO - Visite sus oficinas, realice búsquedas en Internet, o pregúntele a un socio de negocios, familiares o amigos.
- INSTALACIONES DE ALMACENAMIENTO PÚBLICO – Busque

en Google por almacenamientos públicos en cualquier ciudad o lugar de Estados Unidos y obtendrá todos los detalles que necesita.

Recuerde que el negocio es un intercambio de bienes y servicios. Por lo tanto, tiene que saber, o investigar, lo que realmente quiere ofrecer a sus clientes y determinar si están dispuestos a comprar los productos. Determine, también, si hay una demanda para el tipo de negocio en ese mercado en particular. Si hay demanda, póngase a trabajar. Asegúrese de que el transporte de bienes y servicios es confiable para que pueda vender más. De esa manera, no defraudará a sus clientes por no entregar a tiempo. Asegúrese de que el almacenamiento y transporte no le cuesta demasiado. Esto sería una situación en la que todos ganan.

❧ RESUMEN DEL CAPÍTULO TRES ❧

DEFINIR LA META - Sea específico acerca de qué tipo de negocio.
OBJETIVO - Anote el plan y tácticas que se van a utilizar para lograr su objetivo.
DECLARACIÓN DE OBJECTIVOS - Indique el motivo del negocio y las expectativas de los clientes.
PLAN DE NEGOCIO - Elabórelo para obtener un préstamo de negocio, pero también es el mapa hacia la meta.
DOCUMENTOS LEGALES REQUERIDOS - Obtenga todo lo necesario para iniciar el negocio.
LOGÍSTICA - La circulación de mercancías desde el productor / mayorista hacia el negocio y el depósito.
TRANSPORTE - Elija el costo más bajo que proporciona más servicio y es conveniente para el negocio.
ALMACENAMIENTO - Buscar, en el área local, información sobre depósitos y lugares de almacenamiento público.
UBICACIÓN - ¿Dónde quiere que el negocio se encuentre? y ¿puede permitirse los costes fijos y variables en ese lugar?
EL PODER DE COMPRA - Considerar nivel de ingreso de los consumidores y la disposición a comprar los productos.

> *"Comience por hacer lo que es necesario,*
> *a continuación, haga lo que es posible,*
> *y de repente estará haciendo*
> *lo imposible". —San Francisco de Asís.*
> **Fundador de la orden franciscana (1181 - 1226)**

VAYA Y HÁGALO. NO ESPERE QUE LAS COSAS SUCEDAN POR ARTE DE MAGIA. SEA PACIENTE Y PERSISTENTE, SOLO ENTONCES VA A ALCANZAR SU META.

REFLEXIÓN PERSONAL

1. Ser organizado es parte de la naturaleza humana ya sea en los negocios o en la vida. ¿Está organizado?
2. Nadie puede predecir el futuro excepto usted, de manera que si es organizado puede ver adonde va en la vida.
3. ¿Qué ha hecho por usted mismo?
4. La meta es parte del sueño, pero para que se convierta en una realidad tiene que organizarse. ¿Cree que se puede llegar al objetivo basado en la esperanza, o en estar bien organizado?
5. Establezca un plazo de tiempo para llevar a cabo la tarea. ¿Usted cree? Si es así, ¿practica lo que cree? Entonces debe creer en lo que planea.
6. Cuando se establece una meta, ¿toma la acción o apenas tiene una ilusión y está esperando a que las cosas sucedan por arte de magia?

Capítulo Tres
Sea Organizado

RESUMA LO QUE HA APRENDIDO EN ESTE CAPÍTULO.

1.

2

3.

4.

5.

6.

¿CÓMO VA A APLICAR LO QUE HA APRENDIDO EN SU PROPIA VIDA?

CAPÍTULO CUATRO

CLIENTELA

CÓMO ENTENDER EL COMPORTAMIENTO DEL CLIENTE Y ENTREGAR SUS NECESIDADES Y DESEOS

RESEÑA DEL CAPÍTULO CUATRO

CLIENTELA: En los negocios, tiene que conocer a los clientes de manera que pueda estudiar el comportamiento de los consumidores en el mercado objetivo. Puede vender casi todo, pero la clave es dónde. Si entiende el mercado objetivo, será más fácil para usted ganar una participación en el mercado y vender más, ya que entiende las necesidades y deseos. Es bueno tener la capacidad de predecir la necesidad del mercado, que requiere de innovación y publicidad intensa para convencer a la gente de que el producto o servicio que está tratando de vender es beneficioso para ellos.

CAPÍTULO CUATRO

ENTENDIENDO EL COMPORTAMIENTO DEL CONSUMIDOR

"El comportamiento es el espejo en el que todo el mundo muestra su imagen". —Johann Wolfgang von Goethe.

Identifique a su clientela: encuentre cual es su necesidad y facilítela, porque el grado de fidelidad de los clientes a un negocio es uno de los factores que separan el ganador del perdedor. Construya relaciones con los clientes tanto como pueda. No se preocupe por los negocios grandes que puedan alejar a los clientes de usted, porque las empresas grandes no garantiza la satisfacción del cliente. Casi todas las grandes empresas tienen debilidades. Es imposible ser todo para todo el mundo, por lo que debe encontrar un nicho, o lo que le falta a esas grandes empresas, y luego use eso como su ventaja competitiva. Es importante identificar a la clientela, porque el comportamiento del consumidor y el poder de compra es diferente de un lugar a otro. Además, los clientes no compran un producto o servicio de la misma manera o por la misma razón. Esto es lo que hay que preguntarse a sí mismo: el lugar en el que desea abrir el negocio ¿es un lugar donde la gente puede permitirse el producto que vende y están dispuestos a comprar el producto o servicio?

¿Hay algo que le falta al negocio comparándolo con la competencia? Puede ser el servicio al cliente, por lo que necesita entregar los productos a tiempo, y estar seguro de que los productos son agradables y frescos en comparación con la competencia.

En general, las personas tienden a comprar las cosas que más necesitan en primer lugar, antes de las cosas que quieren, en base a sus ingresos. Por ejemplo, necesita comida, pero quiere un reloj. Se puede vivir sin un reloj, pero se va a morir si no come. Para entender mejor el comportamiento del consumidor, le ayudará si sabe cuáles son las influencias externas e internas que afectan las decisiones de compra y el progreso en un individuo, grupo u organización.

Para planificar mejor las estrategias de marketing recuerde que los clientes no compran necesariamente los productos; compran la oferta que crea una solución y satisfacción. Por lo tanto, el objetivo número uno es hacer investigación de los consumidores mediante una encuesta. Le ayudará en especial el conocer los productos y servicios que ofrecer, el tipo de clientes que está tratando de alcanzar, la ubicación geográfica en la que se va a vender, y una mejor comprensión de su ventaja competitiva. Si conoce a la población, cómo se sienten acerca del producto o servicio, y la actitud hacia el producto o empresa de servicios, entonces tiene una oportunidad de tener éxito y evitar errores innecesarios que le puede costar bastante, o incluso hacer que fracase en los negocios.

"Soñar cualquier cosa que usted quiere soñar.
Esa es la belleza de la mente humana. Hacer cualquier cosa
que usted quiera hacer. Esa es la fuerza de la voluntad humana.
Confiar en usted mismo para poner a prueba sus límites.
Ese es el coraje de tener éxito". —Bernard Edmonds

Influencia externa se compone de muchas cosas, pero los principales factores son: la cultura, la demografía (etnia), o si los clientes viven en la gran ciudad, en zonas urbanas, suburbanas o rurales, y factores psicológicos tales como estar más preocupado por la condición social o el estilo de vida. La mayoría de las personas que se ven influenciadas por factores externos, compran por necesidad de reconocimiento y por probar cosas nuevas. Por lo tanto, preste atención a la ubicación del negocio y por qué la gente debe comprar los productos o servicios. Si el objetivo es hacer coincidir la influencia externa, entonces el negocio tiene que reflejar lo que son las necesidades reales del mercado y predecir la tendencia de este para que crezca.

La ventaja de saber lo que los clientes necesitan, no sólo le ayudará a que las ventas suban, sino que también los clientes sentirán que se preocupa por ellos, proporcionando lo que necesitan. Los clientes sienten que son parte de la sociedad y no se les deja de lado. Por ejemplo, la tecnología en África es ahora mismo un negocio en auge debido a que muchas personas necesitan de Internet y otros servicios tecnológicos. Otro ejemplo es la venta de coches. La mayoría de la gente puede comprar un coche, pero la diferencia es qué tipo. Algunos compran autos sólo para mostrar un estatus social ante su grupo, familia o amigos. Un ejemplo sería comprar un Lincoln en lugar de comprar un Ford Mercury. Los dos son coches, pero la diferencia es el estatus social. Como una persona de negocios, puede decidir qué tipo de coches quiere vender. Pueden ser coches usados, o coches nuevos, dependiendo del mercado y la comprensión de la conducta del mercado objetivo y el poder de compra en la ubicación que desea operar el negocio. Puede ser en cualquier país, estado, región, provincia o zona rural.

Pero en su mayor parte, en primer lugar trate de entender que es más importante cuando se trata de la influencia externa. Como una persona de negocios, desea crear o traer los productos con los que la mayoría de la gente puede relacionarse en la vida cotidiana y que son capaces de comprar. Si los productos pueden justificar el valor añadido a la vida en términos de cultura, condición social o familia, y los clientes tienen la capacidad de pago, entonces puede seguir adelante y abrir el negocio. Ya tiene un mercado potencial para el negocio. Probablemente va a vender más camiones en una zona de montaña y equipo agrícola en un área rural, que los que podría vender en una ciudad.

El estudio demográfico comprende la realización de encuestas de la población en el área de negocios. Es muy importante ser consciente del tamaño de la población, edad, ocupación, educación y distribución del ingreso de la zona en la que usted quiere hacer negocios, porque puede vender casi cualquier cosa, pero la pregunta es ¿dónde? La ubicación de la empresa es muy importante y se tiene que tener en cuenta los antecedentes de la mayoría de las personas que residen en esa zona. Por ejemplo, es difícil vender vestimenta africana a una persona de ascendencia mexicana. La vestimenta se adecúa a la tradición de la persona africana.

En general, hay ciertos elementos que no se pueden vender muy bien en un determinado mercado. No se trata de los productos o servicios, sino que puede ser más familiar a un grupo étnico en particular que a otro. El producto puede gustar a las personas, pero puede que no coincida con su identidad cultural, y por esta razón no lo compran. También hay que tener en cuenta, el poder de compra en base a los ingresos y si son capaces de comprar necesidades y deseos.

¿El negocio va a estar en una ciudad, un pueblo o una zona urbana? Descubra cual es la necesidad real o que es lo que falta en ese mercado en particular. Una vez hecho eso, puede seguir adelante y abrir el negocio. Recuerde, el cliente está primero, así que comprenda sus necesidades y deseos y compréndalos bien. Ellos volverán a hacer negocios con usted y se convertirán en clientes leales que promueven el negocio a otros. La clave aquí es, conocer los productos y el mercado para que pueda determinar las necesidades y deseos.

Influencias internas son las influencias de adentro, como querer sentirse bien consigo mismo. Es por eso que su producto o servicio tiene que ser acerca de las emociones, motivaciones, personalidad, y la actitud de las personas. Si tiene la capacidad de concebir nuevos productos y llevarlos al mercado, ya sea mediante la importación desde un área, país diferente, o mediante la creación de nuevos productos, entonces tiene que crear la demanda de esos productos. Esto requiere de mucha investigación y desarrollo (I + D), y una estrategia de marketing pesada con el fin de ayudar a convencer a la gente a comprar su producto y que sea útil para ellos para cumplir con su deseo interno. Es posible.

Steve Jobs tenía la capacidad de predecir lo que el mercado necesitaba y fue capaz de crear los productos, especialmente los productos de tecnología informática Apple, para la necesidad del mercado. Si puede brindar nuevos productos o servicios, la gente va a comprar. Si puede motivarlos a probar cosas nuevas y darles la percepción de que son el único que tiene el producto, entonces tendrá éxito. Se trata de la sensación de que tiene algo que no todo el mundo tiene.

A menudo la gente busca artículos exclusivos como los zapatos de Michael Jordan, carteras Louis Vuitton, vestimentas de Armani Exchange, coches italianos Lamborghini, o cualquier producto especial de marca. De dónde proviene el producto, o dónde se produce, puede tener un enorme impacto en la actitud de los consumidores hacia la calidad de los productos o servicios. En algunas ciudades, de dónde vienen los productos puede no ser motivo de preocupación para la gente, siempre y cuando ellos consigan los productos que satisfacen sus necesidades. En otros lugares, los clientes pueden preguntar dónde se hizo el producto, y eso puede cambiar la actitud del cliente hacia la calidad del producto y el precio.

Gestión de negocios son las actividades asociadas con la gestión de una empresa, tales como el control, la dirección, la supervisión, la organización y la planificación. Si desea permanecer en el negocio durante mucho tiempo, tiene que administrar el negocio de manera de que tenga éxito. Asegúrese de controlar el desbordamiento de inventario, utilice el formulario a su debido tiempo para traer los productos, y esté al tanto del desempeño de sus empleados, ya que no están allí sólo para vender, sino también para crear una relación pública y la imagen de la empresa para con el público.

Asegúrese de preguntar a los clientes lo que necesitan y de estudiar cual es la temporada industrial para que pueda tener los productos justo a tiempo. Puede ser la temporada de regreso a la escuela, el día de San Valentín, el día de la Madre o el día del Padre.

La gente compra todo el tiempo, pero en una estación en particular un producto o servicio en particular se venderá más que en la temporada regular. Por ejemplo, la mayoría de los dueños de negocios saben que durante la temporada de Navidad la gente compra un montón de regalos para dar a sus seres queridos. Encontrará las tiendas llenas de productos con mucho tiempo de anticipación, sólo para asegurarse de que no se pierden ventas en la temporada de Navidad, que comienza alrededor de finales de octubre y continúa hasta finales de diciembre. Por lo general, durante esa temporada las ventas totales pueden ser igual a todo un año de ventas. Así, como dueño del negocio, trate de manejar la empresa bien y recordar que la coordinación es muy importante.

Hubo una empresa de impresión en San Francisco, que tenía más de veinte años en la industria y tenía pocas ventas. Pero cuando los Giants ganaron el campeonato de la Serie Mundial, le dieron derechos de impresión exclusivos a esta empresa para imprimir las camisetas Giants del Campeonato 2010. Hicieron una gran cantidad de dinero. La compañía de impresión trabajó duro, y el enfoque y la paciencia finalmente dio sus frutos.

Recuerde, el éxito no viene de la noche a la mañana. Por lo tanto, estudie la industria para ver cuando es la temporada pico, y maneje bien el flujo de inventario desde el productor o mayorista hasta su tienda para que pueda vender más y sus productos tengan menos tiempo en el estante. Cuando usted ordene, utilice solo la fórmula de justo a tiempo (J.I.T). Como propietario de la empresa, esté atento a las temporadas de venta del año, como Navidad, Día de la Madre, Día del Padre, Día de San Valentín, y muchas más. Manéjelas bien para aumentar sus ventas. Cada país tiene días y temporadas especiales y puede ser llamadas por un nombre diferente, pero las ideas básicas son las mismas.

"Al igual que cualquier pequeña empresa, he experimentado las presiones de la construcción de una empresa desde cero - el desarrollo de un plan de negocios, el equilibrio financiero, pagar las nóminas y la construcción de una base de clientes". —Gavin Newsom

La flexibilidad en los negocios es muy importante así que trate de ser flexible. A veces las cosas no salen bien, pero eso es la vida. Hable con sus clientes y determine lo que está pasando en el mercado. A veces puede cambiar la línea de negocio, o cómo hacer su negocio, basado en el cambio de los tiempos y la tecnología. Por ejemplo, Don Cornelius (1936 -2012), que era conservador en su gusto por la música, se mudó de Chicago a Los Ángeles. Don fue el creador de Soul Train, a principios de 1970. Hasta finales de 1980 su programa era la influencia musical número uno entre los jóvenes afroamericanos. Pero con la nueva generación de disco, hip hop y los movimientos de baile de la Costa Este, Soul Train comenzó a bajar en popularidad. Aunque Don admitió no ser un aficionado de los artistas jóvenes de rap emergentes del hip hop, como hombre de negocios, tuvo que tomar decisiones difíciles y comenzó con el rap en su programa. Esto le ayudó a mantenerse en el negocio hasta 1993, cuando se retiró.

También, puede ser muy difícil conseguir los productos, el mercado puede haber cambiado, o los productos puede que no sean lo suficientemente rentables. Si hace la misma cosa una y otra vez pensando que todo va a estar bien, está equivocado, porque nada permanece igual. El cambio constante es la ley de la naturaleza.

Capítulo Cuatro
El Comportamiento del Consumidor

LA FÓRMULA V.O.I.C.E. ES UNA DE LAS HERRAMIENTAS QUE PUEDE UTILIZAR.

V- Visión
O- Organización
I - Intención
C- Compromiso
E- Excelente Servicio al Cliente

La revolución industrial del siglo 18 al 19 tuvo un profundo efecto en las condiciones socioeconómicas y culturales de la época. El cambio puede ocurrir en cualquier momento y hay que estar preparado. La mejor manera es mantener la capacidad de ser flexible, para conocer y predecir la tendencia del mercado. La flexibilidad es una de las claves para el éxito en los negocios. Siga el mercado, o cree uno mediante la presentación de nuevos productos para los clientes, siempre y cuando pueda promover el negocio de una manera que sea beneficiosa para el uso del producto (especialmente el que nunca se ha probado antes), entonces usted ha demostrado su flexibilidad.

Busque en línea, investigue los diferentes productos o servicios que se pueden ofrecer, o aprenda más sobre el negocio para que pueda estar al día en este mercado competitivo. Visite el sitio web de la Administración de Pequeños Negocios (Small Business Administration o SBA), www.sba.gov, y encuentre información sobre cómo iniciar un negocio y obtener un préstamo, así como información sobre la Asociación SCORE (Service Corps of Retired Executives). SCORE es una asociación sin fines de lucro de ejecutivos que aún trabajan, ejecutivos retirados y propietarios de negocios que donan su tiempo y experiencia para brindar asesoramiento y orientación gratuita a los propietarios de pequeñas empresas. La mayoría de los voluntarios de SCORE proceden de las cámaras de comercio, de las comunidades legales y bancarias. Proporcionan ayuda con respecto a las cuestiones financieras, marketing, producción, organización, e incluso los estudios de viabilidad. Descubra más visitando el sitio web para obtener información más actualizada, como claves para el crecimiento de el negocio. Los artículos incluyen: los productos deben satisfacer las necesidades del cliente, buena calidad, la venta de productos a precios de mercado, la gestión de las finanzas, la maximización de la comercialización, y la contratación de personal de ventas calificados, ya que son la base del éxito empresarial.

Los Centros de Desarrollo de Pequeños Negocios (SBDC) de la SBA, están destinados a proporcionar asistencia técnica y administrativa a los pequeños empresarios. Puede ir a un SBDC local y obtener ayuda para su negocio. Al aprender, puede evitar los errores comunes cometidos por dueños de pequeñas empresas que a veces los hacen fracasar:

- No están preparados.
- Carecen de la motivación y compromiso de hacer que el negocio pase a través de los momentos difíciles.
- No están dispuestos a aprender cosas nuevas o corregir los errores.

Además, pregúntese por qué otras personas fracasan y qué se puede hacer de manera diferente para que usted no se convierta en una estadística y pueda utilizar su propia mente y pensamiento creativo. Para obtener más información y ayuda, vaya a www.onlinenewbc.gov y haga clic en "conceptos básicos de negocios" (Business Basics).

Manténganse administrando bien su negocio y sea consciente de que las personas tienen diferentes deseos, antecedentes, y niveles socioeconómicos. Siga intentándolo hasta que consiga lo que quiere para el negocio y clientes. Cuanto más falla en el intento, más cerca está de conseguir el éxito del negocio. Los errores que comete haciendo negocios, le enseñarán mucho más que si no hace nada. Además piense en lo siguiente: si no hace nada, nunca va a terminar o lograr nada tampoco, porque nunca comenzó.

❦ RESUMEN DEL CAPÍTULO CUATRO ❦

COMPORTAMIENTO DEL CONSUMIDOR

INFLUENCIAS EXTERNAS
La demografía - que trata acerca de la población, los antecedentes de la gente, la cultura, las creencias, las leyes, la moral y las costumbres, la condición social. La imagen. Pertenecer a un grupo.
La familia - tratar de mantenerse dentro de zona de comodidad en las actividades tradicionales.
Actividades en el mercado - crear la demanda del mercado para el producto o servicio.

INFLUENCIAS INTERNAS
La actitud - Cómo se sienten las personas acerca de sus productos o servicios.
Los motivos - Crear la conciencia necesaria.
La personalidad - Proporcionar producto o servicio para encajar con el estatus social.
La percepción - ¿Cómo ven los beneficios del producto para sus deseos y necesidades diarias?

PROCESO DE DECISIÓN
Compras - Ejemplo de una situación: hacer regalos, especialmente en Navidad.
Problema - Las personas enfermas que necesitan comprar medicina; por ejemplo cuando la persona está de vacaciones y necesita comprar en ese momento (la industria del turismo es enorme y muchos negocios se mantienen exclusivamente de ella).
Evaluación Alternativa - Calidad de los productos, precios, servicio al cliente y conveniencia.

GESTIÓN EMPRESARIAL
Controlar el flujo de inventario desde el mayorista o productor a su tienda. Contratar gente buena que ayude en las ventas y construir una buena

imagen para el negocio. El calendario de estaciones es muy importante para los productos o servicios como herramienta para impulsar las ventas

LA UBICACIÓN DEL NEGOCIO Y EL ESTADO DEL INGRESO

En una ciudad
En un pueblo
En zonas suburbanas

FLEXIBILIDAD

- Nada permanece igual, el cambio es constante.
- La revolución industrial del siglo 18 y 19 trajo muchos cambios en la economía social y cambió el modo en que las personas llevan a cabo los negocios.
- La red World Wide Web de servicios de Internet ha cambiado la forma en que nos comunicamos cuando manejamos el negocio.

LA FLEXIBILIDAD QUE USTED POSEA ES UNA CLAVE PARA ÉXITO EN LA VIDA, PORQUE NADA PERMANECE IGUAL SINO EN CONSTANTE CAMBIO. ES UNA LEY DE LA NATURALEZA.

REFLEXIÓN PERSONAL

1. ¿Usted tiene en cuenta VOICE?

    Visión
    Organización
    Intención
    Compromiso
    Excelente Servicio al Cliente

2. Cuando mira a su alrededor, ¿Ve usted alguna oportunidad de negocios? Si Steve Jobs de Apple Computer, Inc. fue capaz de predecir la demanda del mercado y crear productos adecuados, ¿no cree que es hora de que usted aplique su mente creativa para superarse?

3. ¿Está dispuesto a tomar la iniciativa de llevar los productos y servicios a su área local?, o ¿se puede predecir lo que falta en su área para que pueda satisfacer las necesidades del mercado? Si no, ¿cómo va a sobrevivir? Puede crear demanda, o clientes para comprar los productos o servicios, pero ¿cómo va a crear un cliente habitual?

RESUMA EN SUS PROPIAS PALABRAS LO QUE HA APRENDIDO EN ESTE CAPÍTULO.

1.

2.

3.

4.

5.

6.

¿CÓMO VA APLICAR ESTOS PRINCIPIOS EN SU PROPIA VIDA?

CAPÍTULO CINCO

MARKETING - Las 4 Ps

LA IMPORTANCIA DE LAS 4 Ps
- PRECIO
- PRODUCTOS
- PUNTO DE VENTA
- PROMOCIÓN

RESEÑA DEL CAPÍTULO CINCO

PRINCIPIO DE MARKETING: El marketing es el proceso de hacer que el público (los clientes potenciales) conozcan los productos y servicios, y promover los mismos de tal manera que sean deseables. El principio del marketing consiste en las 4 Ps:

Punto de venta o ubicación del negocio

Productos

Promoción

Precio

Ubicación - Usted quiere conseguir un lugar para el negocio con una gran cantidad de tráfico, que tenga visibilidad, de fácil acceso, y que esté cerca de un negocio bien establecido.

Producto - La gente va a comprar cualquier cosa, pero tiene que agregar valor a su vida.

Promoción - Es muy importante que usted promueva el negocio y construya la imagen de la empresa.

Precios - Trate de mantenerse dentro del valor de mercado; no sobrecargue lo precios y tampoco cobre menos.

CAPÍTULO CINCO

LA IMPORTANCIA DE LA COMBINACIÓN DE MARKETING.
Las 4 Ps

"El objetivo del marketing es conocer y entender al cliente de tal manera, que el producto o servicio le conviene a él o ella y se vende solo". —Peter Drucker

La importancia de la combinación de los elementos básicos de marketing, que consiste en las 4 Ps (precio, productos, promoción, punto de venta o ubicación), es entender la tendencia de la comercialización y entregar los productos adecuados en el momento adecuado al mercado específico de manera de vender y obtener beneficios. Si usted está tratando de comercializar los productos, necesita un plan de marketing que le ayude a analizar el mercado y responder a las siguientes preguntas:

1. Quiénes son sus clientes
2. Si están dispuestos a comprar
3. Si pueden darse el lujo de comprar sus productos o servicios.

Es importante entender la ley de comercialización que dice que usted tiene que ofrecer lo que la gente quiere comprar, no lo que usted desea vender. La gente compra lo que necesita y puede permitirse.

Una vez que entienda el mercado, usted puede seguir adelante y crear la atención, el interés y el deseo hacia sus productos. No será capaz de llegar al mercado objetivo, si no conoce bien el mercado, y no sabe lo que los clientes necesitan y desean. Además, con el fin de que usted pueda obtener una porción grande de ese mercado y ganarle a la competencia, necesita una combinación de marketing estratégico. Recuerde, no es tanto lo que usted vende, sino que es la forma en que vende, y si usted entiende la combinación de marketing y las preocupaciones de los clientes. Este conocimiento le ayudará a hacer la venta y a satisfacer a los clientes.

IMPORTANTE PARA LOS CLIENTES:

Precio = Productos de Valor = Solución
Lugar = Acceso
Promoción = Información

ENCUENTRE EL MERCADO ESPECÍFICO

1. DEMOGRAFÍA - Los antecedentes de las personas, la población, la edad, el ingreso, la densidad y el género.
2. INGRESOS - Ocupación, educación y poder adquisitivo.
3. CULTURA - Las creencias, la moral, el conocimiento y las leyes.
4. GEOGRAFÍA - La ubicación del negocio: ciudad, estado, provincia, o región.
5. NECESIDADES Y DESEOS - Las necesidades humanas básicas de una persona frente a su deseo específico, y satisfacer esa necesidad.

ALGUNAS FÓRMULAS BÁSICAS.

Margen bruto de ganancia= (Ventas netas- Costo de bienes vendidos) % Ventas netas
Ejemplo: las ventas netas son $80, costo de los bienes vendidos es $50:

$$\frac{(80 - 50)}{80} = .375$$

En este ejemplo obtendría un 37,5% de ganancias

Precio de venta = Costo total del producto + Margen de ganancia
Precio de venta: El precio final que va a ofrecer al cliente.
Costo del total del producto: La suma de todos los costos que implica poner ese producto a la venta.

Capítulo Cinco
Marketing - Las 4 Ps

Margen de ganancia: La ganancia que desea obtener a partir de la venta del producto.
Ejemplo: El costo total del producto es $60 y el margen de ganancia que desea obtener es $30.
Precio de venta= $60 + $30= $90

La supervivencia y el éxito en los negocios requiere de lucro. Por lo tanto, las decisiones de precios se deben hacer en consecuencia.
El precio basado en costos significa cuánto cuesta el producto.
El precio basado en la demanda dependerá de la respuesta de los consumidores y la calidad de los productos.
El precio basado en la competencia significa tratar de cobrar precios basados en los precios que carga el competidor más cercano.
El precio geográfico es debido a la distancia de transporte; los precios de la zona y otros factores como la ubicación de su negocio.

PRECIO

Como una persona de negocios, cobre a los clientes en función del valor de mercado; no sea codicioso y sobrecargue. La gente paga basándose en el valor añadido, si un artículo es $10, entonces el valor de ese artículo tiene que ser igual al valor de diez dólares. De lo contrario, la gente no va a hacer negocios con usted y van a ir al competidor.

A veces la gente no sólo compra productos o servicios. Eligen a venir a su negocio basados en cómo usted los trata, y si pueden hacer una diferencia. Por ejemplo, si le dice a un cliente que una bolsa vale $100, y él dice "no", entonces "no" puede significar que no quieren pagar mucho, o que piensan que el valor de la bolsa no es igual a $100. Algunas carteras pueden costar $3000 y hacia arriba, y otras costarán $5. Son todos bolsos, pero la diferencia es la percepción del valor añadido de la cartera.

Cuando fija precios, usted puede aumentar las ventas mediante promociones para el consumidor.
Cupones - Dé cupones a los clientes para que los traigan en determinados días, o proporcione algunos con descuento en ciertos artículos. Esto estimulará las ventas de inmediato.

Haga descuentos - Como "compre uno y llévese el segundo a mitad de precio", o "compre uno y llévese otro gratis". A la gente le gusta ver descuentos. Esto los hace sentir bien y le dirán a los amigos y familia que consiguieron algo caro a un precio bajo.

Reembolsos – Para fomentar las compras, publique el artículo al $100 y ofrezca un reembolso de cierta suma para el cliente que envía el recibo, por ejemplo $50.

Promoción de ventas - De vez en cuando haga un cartel que dice 50% de descuento, o hasta 70% de descuento en ciertos artículos. A los clientes les gusta ver las rebajas. Ellos vendrán a ahorrar dinero y si realmente pueden ahorrar dinero van a volver a verlo de nuevo. Y mientras están en la tienda van a comprar otras cosas.

La estrategia de precios no sólo aumentará las ventas, sino que también ganará nuevos clientes que pueden venir solamente a ver las ventas que ha anunciado. Como después de las ventas de Navidad, del Día de la Madre o las ventas especiales del Día de San Valentín. La idea principal en la fijación de precios es traer a tantos clientes como sea posible al negocio. Mientras ellos están buscando entre los artículos que tienen rebaja, también pueden encontrar algo que necesitan, pero que no tiene descuento. Puede ofrecer algún tipo de incentivo para hacer que la gente quiera venir a verlo, especialmente si usted está utilizando la estratégia de marketing para que los clientes sepan lo que está ofreciendo.

ENUMERE ALGUNAS DE LAS ESTRATÉGIAS DE PRECIOS QUE VA A UTILIZAR PARA ATRAER CLIENTES.

1.

2.

3.

4.

Capítulo Cinco
Marketing - Las 4 Ps

PRODUCTOS

Proporcione un servicio o producto de alta calidad, que es durable y confiable para que pueda mantener al cliente satisfecho y feliz. Si no lo hace, su competidor va a conducirlo a la quiebra. Los productos que vende y dónde los consigue a veces pueden ser factores que determinan la calidad y el precio que va a cobrar. Lo que está vendiendo tiene que ser compatible con la ubicación del negocio. Por ejemplo, si usted se encuentra en una zona rural debe tratar de vender los productos que son adecuados a la zona y necesarios para la gente. Será difícil vender un automóvil Lamborghini o una cartera Louis Vuitton, que cuesta más de $2000, en un área rural. Pero puede ser más fácil vender un camión y una cartera sin marca que cuesta mucho menos. En general, usted puede vender cualquier cosa en cualquier lugar, pero la clave importante es que a veces es la ubicación la que puede afectar el tiempo de *rotación del inventario*. Usted necesita que el inventario se venda lo más rápido posible. Si el producto se queda en el estante durante demasiado tiempo, puede comenzar a perder valor o puede expirar. En ese caso, o bien la ubicación o el producto no es bueno para el mercado. Puede cambiar la ubicación o el producto, lo que sea más fácil y mejor para usted.

La gestión de mercadeo lo va a ayudar a ver cómo las empresas y el mercado están cambiando. La zona donde se encuentra el negocio puede estar pasando por cambios, en relación al poder adquisitivo, las demandas del consumidor, la manera de comprar, y si los clientes pueden pagar el producto. La mayoría de las empresas gastan un montón de dinero y tiempo en investigación y desarrollo (I + D). El objetivo principal es tratar de ponerse al día con el avance de la tecnología y la globalización de los mercados.

Los cambios en los productos, demandas o servicios afectan a la forma en que hacemos negocios. ¿De qué manera? Por ejemplo, si la gente está comprando más en línea, o la competencia es capaz de entregar el producto más rápido que lo que usted puede. O tal vez el cliente puede comprar más barato que usted a precio de mayoreo. La competencia puede socavar las ventas mediante la venta de productos a un precio inferior o entregándolo más rápidamente. Si usted no tiene cuidado, su competidor puede que lo lleve a la quiebra. Mire y examine todos los hechos que puedan afectar al negocio debido a los cambios del mercado global. Tal vez debería cambiar los productos o la ubicación del negocio. Su producto puede no ser comercializable debido a los nuevos artículos o servicios, y a las nuevas tecnologías que se han introducido en el mercado. Hay un dicho sencillo, "si no puedes vencerlos, únete a ellos".

Como propietario de un negocio, usted debe comprometerse a:

- Proporcionar productos de buena calidad o servicios, para crear clientes felices y lealtad.
- Ofrecer productos que son duraderos, fiables y fáciles de usar.
- Preguntar a los clientes lo que les gusta más sobre los productos o servicios (encuestas).
- Hacer su propia investigación y desarrollo de manera de satisfacer las cambiantes demandas, para que el negocio pueda mejorar.
- Usar los resultados de los estudios e investigaciones para determinar por qué la gente no está comprando los productos o servicios, y determinar lo que va a hacer para revertir la situación.
- Definir claramente o demostrar el beneficio de los productos o servicios a los clientes, de manera que sea claro por qué deben comprar esos productos en su negocio.

LUGAR

Elija la mejor ubicación para establecer el negocio. Un lugar que esté dentro de su presupuesto, con una gran cantidad de circulación de personas. Lo mejor es al lado de una compañía establecida y de importancia. Podría ser un supermercado, como Safeway, o un local como Wal-Mart, Walgreens, o una escuela, por nombrar algunos. La ubicación del negocio tiene que ser visible. La gente tiene que verlo, sentirse seguros en esa ubicación y otros factores que usted crea que puede ser importantes para el éxito. Encontrar un local bueno y agradable para el negocio, con una gran cantidad de trafico peatonal, no es el único punto clave para la ubicación. La otra preocupación principal sobre el lugar puede ser la logística. En ese lugar, ¿Es fácil conseguir productos o servicios de un proveedor? ¿Hay fácil acceso para el cliente en términos de estacionamiento? ¿Puede encontrar su dirección comercial?

Para un pequeño empresario que acaba de empezar, puede ser difícil abrir una tienda en un gran centro comercial donde el alquiler es alto, así que calcule cuánto tiene que gastar. Puede que tenga que empezar donde el alquiler es barato.

Estos son ejemplos de algunos lugares en los que usted puede comenzar a vender los productos o servicios, hasta que el negocio crezca lo suficiente como para abrir una tienda:

Mercado de pulgas – Pague sobre la marcha arrendando puestos de venta o mesas por día para que no haya sobrecarga como el alquiler de costos fijos y costos variables, tales como electricidad.
Subarriendo en una tienda – Es menos caro que alquilar todo el local y el pago de todos los gastos que vienen con él. Si comparte alquiler y servicios públicos, ayuda.
Dentro de otra compañía estableciendo una tienda de regalos - Puede pagar a la empresa una cuota fija o un porcentaje de las ventas.
Vendedor ambulante – Obtenga las licencias de la ciudad y de zonificación que sólo tendrá que pagar una vez al año. Cada ciudad tiene un costo diferente así que debe ir al ayuntamiento o la cámara de comercio para más información.
Oportunidad de ventas - Contacte a la escuela local para organizar eventos especiales en el campus, tales como "Mes de la historia de la gente de color", "Show de Vino y Arte", o "Exposición de piedras preciosas". O abra un pequeño quiosco en el centro comercial local. Puede pagar más, pero tendrá más tráfico y muchas más oportunidades. Puede encontrar los detalles en la cámara de comercio local, administración del centro comercial, y otras organizaciones.
Ferias - Usted puede hacer un montón de ventas y sólo tendrá que pagar un precio fijo una sola vez. Depende de la feria: las tasas van de $50 para arriba. Busque en Internet una feria en la que quiera participar, lea las

publicaciones especiales de las ferias, pregunte a otros vendedores o en la cámara de comercio para averiguar cuánto cobran por stand.

Si el negocio crece, o si tiene un capital más grande para ponerse en marcha, puede abrir varias tiendas en diferentes lugares. Puede establecer una tienda en la calle comercial principal de la ciudad o en una galería. O puede abrir una tienda independiente en una calle comercial o por una zona residencial. La velocidad de las ventas y el tiempo de rotación del inventario dependerá de lo que usted vende y donde se encuentra el negocio.

Si las ventas son lentas, entonces usted tiene que pensar por qué es así, y si está decidido a ser un ganador, entonces el trabajo duro y la flexibilidad le permitirá hacer menos cambios. De vez en cuando puede que tenga que hacer algún ajuste de lo que usted vende en función de la ubicación. Algunos productos pueden que no se vendan bien en un lugar, pero pueden venderse en otro, porque el comportamiento del consumidor es diferente.

Ponga a prueba el mercado antes de invertir más en los productos que desea vender. Si investiga varios lugares, tendrá una muestra de cómo el mercado va a reaccionar con los productos que desea vender en esa ubicación geográfica particular. Cada país es diferente, con diferentes formas y procesos, pero el principio básico de encontrar una buena ubicación con un montón de tráfico peatonal y buenos procedimientos logísticos, es el mismo. Elija la mejor ubicación para el negocio de manera que los clientes puedan comunicarse con usted. Una vez que establezca el negocio, tiene que trabajar duro y estar comprometido para no decepcionar a los clientes. De esa manera el negocio tendrá mejores posibilidades de prosperar y ser el mejor.

EL COMPROMISO ES LA CLAVE PARA EL ÉXITO EMPRESARIAL

Llegue a tiempo. Si la tienda está abierta de 10:00 am hasta las 6:00 pm de lunes a viernes, asegúrese de que usted está comprometido a esas horas y días, sin excusas. Porque la mayoría de los clientes quieren la mercancía hoy y la quieren ahora.

Mantenga el lugar agradable y limpio, para que los clientes puedan apreciar lo duro que trabaja. El sitio debe ser conveniente para los clientes.

La mejor manera de tener una buena disposición de la mercancía en la tienda es escuchar a los clientes. Si ellos dicen, "Ah! Que bonito", entonces sabe que hizo un buen trabajo.

Contrate a un experto de vez en cuando para que vaya a ayudarle con el diseño de la tienda. Aprenda de otras tiendas. Vea cómo lo hacen y hágalo mejor.

PROMOCIÓN

"Para un negocio, no hacer publicidad es como guiñarle el ojo a una chica en la oscuridad. Usted sabe lo que está haciendo, pero nadie más lo sabe."— Stuart H. Britt, US Publicidad.

La promoción del negocio comienza con la forma en que trata a sus propios clientes. El nombre de la empresa tiene que ser claro y fácil de leer y recordar. Trate de nombrar al negocio de manera que el nombre diga qué es lo que usted hace o vende. El logo de la empresa tiene que identificarlo, así que cuando la gente lo ve, puede decir qué es lo que usted hace, y puede ponerse en contacto con usted. Siempre lleve consigo una tarjeta de presentación. Esto demuestra seriedad y nunca se sabe cuándo y dónde va a encontrar a los clientes potenciales. Estos son ejemplos de comunicación de marketing que puede utilizar para el negocio:

Publicidad - Haga publicidad en la radio, volantes, folletos y catálogos. Puede adherirlos a tablones de anuncios o dar a la gente, y / o colocarlos en los parabrisas de automóviles.

Sitio web - Mostrar lo que está ofreciendo: los productos o servicios. Luego proporcionar incentivos para que la gente vuelva a su sitio por otras razones, tales como: si quieren pagar la factura del teléfono, ver eventos especiales como partidos de fútbol o carreras de autos, escuchar música, o cualquier cosa que se puede brindar para atraer la atención de los clientes.

Comercial de TV – Invitar a que las personas den testimonio de lo felices que son con el servicio o los productos que compraron, acerca de lo satisfechos están después de ir a su negocio.

La venta personal - Interactuar con los clientes y obtener una mejor respuesta y comentarios sobre los productos o servicios.

Feria comercial - Asistir a espectáculos para crear conciencia acerca de su negocio, hacer ventas, y también para conseguir conexiones de empresa a empresa.

Periódico - Utilizar el periódico local. Además, el boca-a-boca es una forma muy poderosa de publicidad del negocio al permitir que la gente sepa por qué usted es mejor que la competencia y lo que está tratando de lograr.

Relaciones Públicas - Patrocinar eventos deportivos. Donar dinero para una buena causa, como la cura para el cáncer. Ayudar a construir escuelas y hospitales. Ayudar a las personas necesitadas; especialmente aquellos que son discapacitados y niños huérfanos. Participar en cualquier evento especial como trabajar con celebridades y otras redes. Todo son ejemplos de cómo puede ayudar a la comunidad, lo que puede poner su nombre comercial en el ojo público porque usted muestra preocupación acerca de la sociedad. El público a su vez van a apoyar al negocio. Walmart siempre da donaciones a las comunidades en las que se ubican sus tiendas.

Si conoce la temporada alta de su industria, entonces ese es el momento para hacer una fuerte promoción de manera de que el público sepa acerca de los productos o servicios y para entregar los productos a tiempo. Justo a tiempo (JIT) es la fórmula utilizada para demostrar que usted no quiere tener una gran cantidad de inventario que quede en el estante. Algunos bienes pueden caducar antes de poder venderlos, o en el momento en que los vende. Además el costo de la compra sumado al tiempo de almacenamiento, pueden eliminar el beneficio. Ordene sólo lo que necesita y sepa cual es el cambio estacional para la comercialización de ese producto. Por ejemplo, si usted vende útiles escolares, la mayoría de las veces la temporada alta es el período de regreso a la escuela en el otoño. El Día de San Valentín y el Día de la Madre es la temporada alta para la joyería. El Día del Padre es para herramientas, y el pico de la temporada de la industria del turismo es en el verano, cuando la gente viaja mucho. Por lo tanto estudie la industria, porque la coordinación es muy importante para vender más, y más ventas significa menos inventario innecesario en el almacén y el éxito para usted.

A continuación están las principales temporadas para diferentes productos o servicios en los EE.UU. (Estos son sólo algunos ejemplos. Las cosas pueden cambiar por lo que debe investigar en su propia tarea).

TENDENCIAS DE VENTAS POR ESTACIONES

ENERO - FEBRERO - MARZO
La atracción principal serán los regalos de Año Nuevo y regalos del día de San Valentín (coches, flores, ropa, tarjetas de felicitación, y joyería).
ABRIL - MAYO - JUNIO
Regalos para el Día de la Madre y el Día del Padre. Comienza la temporada de vacaciones (joyas, billetes de avión y herramientas).
JULIO - AGOSTO - SEPTIEMBRE
Es el tiempo para viajes de vacaciones, de actividades al aire libre, de regreso a la escuela, de billetes de avión, de productos para hacer barbacoas, de computadoras, de uniformes, de libros y de ropa.
OCTUBRE - NOVIEMBRE - DICIEMBRE
Halloween, Acción de Gracias, vacaciones de Navidad, disfraces de Halloween y dulces, alimentos (especialmente pavo), y regalos de muchas clases.

Por lo tanto, la mayoría de las empresas tratan de tener una gran cantidad de existencias en los estantes, y promocionan mucho cuando la temporada de sus productos está en una de las categorías mencionadas anteriormente. Cada país es diferente, pero el principio básico es el mismo, por lo que debe estar atento. Como propietario de un negocio, trate de dividir el año en diferentes estaciones sobre la base de lo que está vendiendo y la ubicación, y vea donde está el pico de la temporada. Hay algunas empresas que hacen negocios sólo una vez al año, pero las ventas del producto en ese momento es más alto que las ventas que la mayoría de las pequeñas empresas van a hacer durante todo un año. Encuentre la temporada alta de su país para diferentes productos y vea donde el negocio encaja. Decida qué cambios va a hacer para aumentar las ventas en la temporada alta que aplica los productos que usted vende.

RESUMEN DEL CAPÍTULO CINCO

MARKETING BÁSICO - Comprender el mercado y el comportamiento del consumidor para el mercado específico.

PRECIOS - Descuentos, cupones, rebajas, pagos parciales dejando la mercadería reservada, ventas especiales.

LUGAR - Mucho tráfico peatonal, cerca de un negocio establecido, negocio basado en el hogar, los mercados de pulgas, ferias, visible, seguro y fácil de encontrar.

PRODUCTOS - Buena calidad, investigación y desarrollo para mejorar los productos o servicios.

PROMOCIÓN - Publicidad, patrocinio, publicidad y TV coordinados en la temporada comercial alta.

PLAN DE MARKETING - Defina los productos, mercado específico, la comunicación de marketing estratégica, y definir su Propuesta Única de Venta (UPS). Abra un mercado en Tanzania. Vaya con confianza en la dirección de sus sueños. Viva la vida que ha imaginado.

LA MEJOR MANERA DE DOMINAR EL NEGOCIO ES PRACTICAR LO QUE HA APRENDIDO DE SU PROPIO CLIENTE.

REFLEXIÓN PERSONAL

Ahora los clientes están en todas partes. ¿Por qué está esperando para vender los productos o servicios? El crecimiento del negocio requiere publicidad y marketing. Haga todo lo posible, de lo contrario es como estar solo en un cuarto oscuro con la puerta cerrada. Sólo usted sabe que está allí.

1. En los negocios, las 4 Ps son la clave para la participación en el mercado y las ventas. ¿Cree usted que si domina las 4 Ps puede tener éxito en los negocios?

>   Precios
>   Punto de localización
>   Producto
>   Promoción

2. Ubicación, ubicación, ubicación. ¿Por qué es tan importante?

>   Población
>   Demografía
>   Tráfico peatonal
>   Geografía
>   Competencia
>   Visibilidad

3. ¿Qué significa "hacer negocios" para usted?

RESUMA EN SUS PROPIAS PALABRAS LO QUE HA APRENDIDO EN ESTE CAPÍTULO.

1.

2.

3.

4.

5.

¿CÓMO VA APLICAR ESTOS PRINCIPIOS EN SU PROPIA VIDA?

¿QUÉ ESTÁ PENSANDO?

CAPÍTULO SEIS

COMPROMISO

¿POR QUÉ OTRAS PERSONAS TIENEN ÉXITO?

RESEÑA DEL CAPÍTULO SEIS

COMPROMISO: El éxito viene a los que están comprometidos con el objetivo. Establezca una meta clara en la vida y esté comprometido con esa meta, el éxito llegará. Hay un montón de subidas y bajadas, especialmente en los negocios, y usted puede sentir incertidumbre constantemente. El compromiso de hacer que el sueño se haga realidad lo mantendrá enfocado y haciendo lo mejor posible, porque el ganador nunca cierra. Puede cambiar el plan, pero no cambiar el objetivo. Esforzarse por lo mejor es parte de la naturaleza humana. Por ejemplo, si usted dice que el negocio abre de 10:00 am a 6:00 pm, de lunes a domingo, asegúrese de que usted honra esas horas sin excusas, porque las personas basan la esperanza sobre promesas. Si los clientes vienen durante esas horas y usted no está, entonces la noticia negativa se extenderá más rápido que las buenas noticias.

CAPÍTULO SEIS

COMPROMISO – EL ESFUERZO POR CONSEGUIR LA MEJOR

"Cuanto menos tiempo pierde en los asuntos de otras personas, los problemas de los demás, y el drama de los demás, más tiempo tendrás para tu propio éxito." —Jeffrey Gitomer.

Para ser un mejor competidor en los negocios, usted tiene que esforzarse por lo mejor y ser conocido como una persona de acción. No se conforme con menos y recuerde el compromiso y la promesa que ha hecho a los demás y a usted mismo; porque esa la esencia de su crecimiento. He aquí algunos puntos que asegurarán que el negocio prospere:

- Para que usted pueda ser lo mejor que pueda para los demás, primero debe ser lo mejor para usted mismo.
- Ofrezca productos o servicios de calidad, excelente servicio al cliente, administre bien el negocio, las finanzas, y sea ético.

La importancia de estos puntos es que es fácil de conseguir clientes, pero es difícil mantenerlos. Trate bien a sus clientes, como si fueran su jefe. Si domina esos puntos usted será capaz de fomentar clientes leales y manejar el negocio sin problemas.

Una buena gestión financiera, por ejemplo, le ayudará a controlar todos los gastos del negocio y será capaz de pagar las cuentas a tiempo. La ética personal le ayudará a crear confianza entre usted y los clientes. A la gente le gusta tratar con gente en quien pueden confiar.

Para mejorar sus servicios, las mejores personas para preguntar son sus clientes. La mejor experiencia que he aprendido en mi propio negocio durante los últimos 20 años es escuchar los comentarios que recibo de mis clientes. Es importante lo que piensan acerca de mis productos y servicios. Escuche a los clientes que se quejan de su negocio, porque le están diciendo lo que hay que hacer para mejorar. Los clientes silenciosos son los que hablan mal del negocio detrás de la espalda. La mejor manera de saber que opinan las personas que no pueden decirle las cosas cara a casa, es tomar una encuesta, o la creación de un buzón de sugerencias y dejar que ellos den sugerencias en forma anónima. Pídales que le digan lo que esperan de usted para que pueda hacer cambios y ofrecer productos y servicios de la manera que ellos quieren. Lo que usted esta buscando es la satisfacción del cliente.

"Los clientes más descontentos son tu mayor fuente de aprendizaje."—Bill Gates

PRODUCTOS DE ALTA CALIDAD O SERVICIOS

Si utilizó bien todos los básicos de marketing, (fijación de los precios, publicidad, promoción, encontrar un buen lugar para ubicar su negocio, la planificación estratégica y un adecuado arreglo de la tienda), la mayoría de la gente va a venir a comprar el producto o servicios, porque la gente tiende a desarrollar esperanza sobre la promesa.

Si promete productos de calidad y excelente servicio al cliente, debe mantener su promesa, porque llegar a los clientes es fácil, pero mantenerlos es muy duro. La mejor manera de retenerlos es proporcionar productos o servicios de calidad y excelente servicio al cliente, ya que lo prometió. La propaganda de boca en boca puede terminar o hacer crecer el negocio.

Si los clientes entran y obtienen un producto de calidad y un excelente servicio, van a ir y decirle a sus amigos y familiares acerca de su negocio. Ellos vendrán en gran número a comprar. Pida a los clientes que le digan las razones por las que compran con usted. Esto le dará una mejor comprensión de su negocio y cómo hacerlo bien. Pero si usted proporciona mala calidad y el servicio al cliente es pésimo, le garantizo que la oportunidad de sobrevivir en el negocio es muy pequeña, no importa la cantidad de publicidad o promoción que haga. No le ayudará.

Si va a contratar a gente, es mejor contratar a alguien que puede sonreír y vender, en lugar de alguien con un doctorado en negocios que no sonríe. Por lo tanto, vaya y de lo mejor posible y los clientes apreciarán sus servicios. Las ventas subirán porque va a fomentar clientes fieles que

Capítulo Seis
Compromiso - Esforzarse por lo Mejor

usted conservará. Eso le dará al negocio un buen nombre con el público y va a crecer con el apoyo de esos clientes fieles. Si necesita ayuda en iniciar el negocio, o para ampliarlo y mejorarlo, puede hablar con un consultor de negocios que le puede ayudar en el área que desea mejorar. La ayuda puede ser en marketing, servicio al cliente y la creación de conexiones de negocio a negocio. Mejor aún, hable con sus clientes, ya que le permitirá saber lo que es nuevo, comparado con el servicio que usted provee.

Los clientes son los que compran, por lo que la mayoría de tiendas o negocios tienen encuestas. Usted puede ver una encuesta que dice, "llamar a este número", o "llenar este formulario". Esa encuesta les permite saber cómo lo están haciendo. Con base en la opinión de un cliente, los gerentes o directores de un área tienen una idea de cómo mejorar los productos o servicios. Sea lo suficientemente abierto como para buscar más conocimiento acerca del negocio, servicio al cliente, el movimiento de las mercancías y servicios, y lo que es nuevo en el mercado para que pueda crear la demanda y estar al tanto del negocio. Estamos en una nueva competencia con un mercado mundial moderno, por lo que debe ser sabio, o se quedará fuera y deberá cerrar el negocio.

Por ejemplo, en un estudio de caso de la industria del café al minorista, hay algunas diferencias entre las empresas y sus ofertas (Peet's Coffee, Starbucks, Java, etc.). Si va a abrir una nueva tienda de café llamado "Caliente y listo", ¿qué aspectos de la planificación de la promoción consideraría que es más importante para su empresa? La diferencia entre las empresas y su oferta depende de lo que la empresa quiere lograr. En primer lugar, debe haber un propósito claro o declaración de la misión, el objetivo y mercado objetivo. Si el enfoque de la compañía está en los bebedores de café, como Starbucks, que son muy sociables, entonces tienen que ofrecer o crear en cada unos de sus locales un entorno en los que la gente puede relajarse y socializar con una taza de café humeante en la mano. Su empresa, "Caliente y listo", puede centrarse por ejemplo en las personas que trabajan y los que quieren un lugar tranquilo para disfrutar de un café mientras están haciendo su trabajo.

Usted tendrá que crear un plan de promoción como el que tiene Starbucks, que permite a sus clientes ser conscientes de que en lugar de quedarse solos en casa pueden venir y unirse a los demás. Ellos tienen mucho éxito a través de publicidad en los periódicos, la televisión, las revistas e Internet. Esto hace que los clientes piensen no sólo sobre el consumo de café, sino también sobre la socialización y que la empresa se preocupa por ellos. Ahora para su empresa, puede dejar que sus clientes sepan que usted dio la vuelta al mundo sólo para encontrar el mejor café para ellos, que tiene un agradable servicio, y que el café no es caro. Publicite a través de los mismos tipos de medios de comunicación como Starbucks para apelar a los mismos clientes, pero deje claro que usted es diferente. La gente sentirá que usted se preocupa por sus necesidades y que les ahorrará dinero.

¿Cuál es su estudio de caso?

¿Por qué la gente debe comprarle a usted?

1.

2.

3.

ADMINISTRACIÓN DE EMPRESAS

La gestión empresarial es la clave del crecimiento de su negocio; de lo contrario usted permanecerá igual o irá a la quiebra. Es un hecho comprobado que la mala gestión de los negocios es la razón principal para la mayoría de los fracasos. Es por esto que usted verá que las empresas cambian la administración de vez en cuando para aumentar las ventas. Hacen cambios en la dirección para renovar las habilidades administrativas, para ver si hay algún problema, o simplemente quieren hacer un cambio para que la empresa crezca.

Usted es su propio gerente, así que si ve que las cosas no van bien, pregunte a los clientes, familiares, amigos, o a un consultor de negocios para ayudarle. Usted puede leer algunos libros, revistas de negocios, o cualquier cosa que usted necesite para ayudarle a mejorar el negocio.

Capítulo Seis
Compromiso - Esforzarse por lo Mejor

También, controle qué tipo de productos está comprando, dónde los está comprando y cómo se transporta desde el fabricante o mayorista al mercado. Esto ayudará a evitar costes innecesarios.

Organize toda su contabilidad para incluir todos los gastos de publicidad, la promoción y el costo de los bienes vendidos, costos fijos, costos variables y el rendimiento de los empleados. Si usted no maneja todos estos gastos, puede causar un montón de problemas. Las cosas más insignificantes pueden conducir a grandes problemas. Por ejemplo, le puede costar una fuerte multa si los errores del sistema de contabilidad lo llevan a no pagar los impuestos del negocio correctamente. O puede que tenga que cerrar el negocio debido a la mala gestión. Administre el negocio bien y siga todos los consejos y la orientación necesaria para hacerlo funcionar.

Recuerde, el mejor método es escribir todo, de manera que pueda comprobar todos sus pasos y corregir cualquier error. Preste atención a la tendencia del mercado mediante la incorporación de nuevos productos. Entregue lo que el mercado quiere, para mejorar el servicio al cliente. La gente va a venir a usted para comprar productos, si vende lo que necesitan y quieren y se les trata con respeto y sinceridad.

Mantenga la tienda agradable y limpia. Le demostrará a los clientes que la tienda está prosperando. Ellos pueden darse cuenta de la prosperidad del negocio por los productos que tiene y el diseño interior de la tienda. Asegúrese de que usted va con las tendencias del mercado y está al día en los cambios de las ventas en línea, sobre todo ahora que estamos en la competencia global de marketing. Lea las normas y reglamentos de como operar el negocio. Usted es responsable de controlar la circulación a tiempo de bienes y servicios. También, sea creativo e innovador para mantenerse en la cima, especialmente en este mercado moderno de servicios de Internet.

La mejor manera de empezar es estar dispuesto a aceptar una crítica constructiva. Le puede ayudar a corregir sus errores; no sólo a hacer las cosas mejor, sino también puede llegar a nuevos métodos para ayudar a que su negocio prospere. Las empresas con las que trabaja y los clientes estarán encantados de apoyar a su tienda.

En los negocios, o en cualquier cosa, cuando se forma una asociación se pone todo por escrito. Una buena práctica es establecer una relación de negocios separada de la amistad escribiendo todo en un contrato. Esto es especialmente cierto cuando se trata de acuerdos entre las personas. Esta será la evidencia, en caso de que el acuerdo no se cumpla en la manera en que fue escrito en primer lugar. Esta evidencia escrita le ahorrará una gran cantidad de confusión y dinero en el futuro.

> *"El destino no es una cuestión de suerte; es una cuestión de elección: no es una cosa que se espera, es una cosa que debe lograrse".* **—William Jennings Bryan, político y diplomático estadounidense, candidato a la presidencia en tres ocasiones (1860 - 1925).**

La importancia de la comunicación estratégica de marketing es que usted sabe qué es lo que hace mejor su negocio, quiénes son sus clientes y cómo los productos los benefician. Hay que dejar que la gente sepa lo que está ofreciendo, lo que cuesta y cual es el beneficio para ellos. Es por esto que usted ve que muchas empresas gastan mucho dinero en anuncios para promover los productos o servicios. Usted puede hacerlo también. Puede ser a pequeña escala, pero la razón básica es la misma: la gente debe saber lo que está ofreciendo, y venir a comprar lo que necesitan y desean a su negocio.

PLANIFICACIÓN FINANCIERA

Comience la planificación financiera mediante la estimación de los costos de puesta en marcha, tales como alquiler, servicios públicos, equipos, productos, transporte y cualquier otro costo fijo y variable. Si sabe qué o cuánto necesita para operar el negocio, será más fácil para usted porque esa estimación es la guía de cómo el negocio va a funcionar, incluso antes de que los clientes vengan a comprar y empiece a ganar dinero. Una de las principales razones para el fracaso empresarial es la falta de planificación financiera. Administre las finanzas bien, le ayudará a invertir más y a pagar todos los costos fijos y variables de funcionamiento del negocio. Si usted maneja las finanzas, no sólo va a ayudarle a volver a invertir en más productos, usted también será capaz de ahorrar para su jubilación.

A medida que envejecemos empezamos a hacernos más lentos y el

Capítulo Seis
Compromiso - Esforzarse por lo Mejor

ingreso baja. Cuando llegue ese momento, puede que solo dependa de los ahorros de la jubilación. Hable con un asesor financiero y vea como le puede ayudar con su gestión financiera, o hágalo de cualquier otra manera que sea conveniente para usted. Sólo asegúrese de que usted maneja bien sus finanzas y sea capaz de ahorrar una cantidad de reserva para situaciones de emergencia, o para ampliar el negocio, o para una mejor ubicación, o para la jubilación.

Ahorre tanto dinero como sea posible para comprar más productos o invertir en una cuenta de retiro. La mejor gente con quien puede hablar son consultores financieros, gerentes de bancos, o la familia. Para concluir el capítulo, si está comprometido a creer en usted mismo y cree que puede lograr su sueño, le garantizo que va a suceder. Puede tomar algún tiempo, pero es mejor empezar algo que no hacer nada.

Crea que usted puede hacerlo, al igual que otras personas cuyo compromiso con su propia visión les dio una poderosa voluntad para lograr su objetivo. Por ejemplo, Nelson Mandela, (nacido el 18 de julio 1918), se comprometió a llevar la libertad a Sudáfrica, pero en 1962 fue condenado a cadena perpetua. Mandela sirvió 27 años en la prisión, pasando muchos de esos años en la isla de Robben. La cosa que lo mantuvo fuerte fue su compromiso y confianza en sí mismo de que algún día el sueño se haría realidad. Efectivamente, el 11 de febrero de 1990 fue liberado de la prisión y de 1990 a 1999 se desempeñó como presidente de Sudáfrica.

Mahatma Gandhi (1869 -1948), creyó en traer la independencia a la India. Trabajó duro y se mantuvo enfocado. Su compromiso lo mantuvo fuerte y firme hasta que fue capaz de alcanzar el objetivo de llevar la libertad a la India en 1947.

Martin Luther King, Jr. (1929-1968), creyó en los derechos civiles. Su movimiento tuvo mucho éxito en poner fin a la segregación legal de los afroamericanos en el sur y otras partes de los Estados Unidos de América. Como dijo el Dr. King, "Le concedo que un hombre que no ha encontrado algo por lo que podría morir, no es apto para vivir."

Si ellos fueron capaces de hacerlo, usted puede hacerlo también. Encuentre algo que le gusta hacer y esfuércese por hacerlo mejor. Su negocio prosperará más allá de su imaginación. Sólo recuerde estas palabras sabias: "las cosas no suceden de la noche a la mañana", "Lo que fácil viene, fácil de va", y "No hay una solución rápida para el problema". Es por eso que usted debe tener metas a corto y largo plazo. Ahora usted puede comenzar paso a paso para alcanzar su meta ... el cielo es el límite.

"No es el crítico el que cuenta; no es el hombre que señala cómo el hombre fuerte tropieza, o cuando el hacedor de hechos podría haberlo hecho mejor. El crédito pertenece al hombre que está realmente en la arena, cuyo rostro está desfigurado por el polvo y el sudor y la sangre, que se esfuerza valientemente; quien yerra y se queda corto una y otra vez; porque no hay esfuerzo sin error y deficiencias; pero quien realmente se esfuerza por actuar; que conoce el gran entusiasmo, la gran devoción, que se da a sí mismo por una buena causa, quien conoce mejor al final el triunfo de un gran logro y quien, en el peor de los casos, si fracasa, al menos fracasa con gran osadía. De modo que su lugar nunca esté con esas almas frías y tímidas que no conocen ni la victoria ni la derrota." —Theodore Roosevelt, 26to presidente de Estados Unidos (1858- 1919)

RESUMEN DEL CAPÍTULO SEIS

OFRECER PRODUCTOS Y SERVICIOS DE CALIDAD - Los clientes estarán encantados de ver que lo que pagan, y el producto o servicio que reciben, justifica el costo.

ATENCIÓN AL CLIENTE - Le ayudará a crear lealtad y retener a los clientes.

ADMINISTRACIÓN DEL NEGOCIO - El crecimiento de su negocio, tiene que ver en parte con lo bien que maneje su negocio, y si al principio no tiene éxito, cambie los objetivos y la meta, y aprenda de sus errores; de lo contrario se mantendrá igual o ir a la quiebra.

ENFOCARSE EN LA CONSTRUCCIÓN DEL NEGOCIO A TRAVÉS DE DISTINTOS CANALES, TALES COMO:

- Radio
- Televisión
- Periódicos
- Anuncios clasificados
- Páginas amarillas
- Publicidad
- Testimonios (de clientes satisfechos)
- Volantes
- Cupones
- Cartas personales
- Conexiones de trabajo y sociales

ADMINISTRAR SUS FINANZAS - La gestión financiera es crucial. Puesto que usted trabaja para usted mismo esto logrará:
1. Ayudarle a pagar todas sus cuentas a tiempo
2. Organizar todo el mantenimiento de la tienda y comprar más productos para expandir su negocio
3. Ahorrar para su jubilación.

SER ÉTICO - Entender que está trabajando con diferentes personas de diferentes orígenes y creencias. La única manera que usted va a tener éxito es tratar a todos con respeto y a todos con igualdad.

"El deseo es la clave para la motivación, pero es la determinación y el compromiso de una búsqueda incesante de su objetivo - un compromiso con la excelencia – lo que le permitirá alcanzar el éxito que usted busca" —Mario Andretti (piloto de carreras estadounidense, originario de Italia)

> TRABAJE DURO, SEA HONESTO Y HAGA LO MEJOR QUE PUEDA. LOS CLIENTES SON SU JEFE Y POR ESO DEBE TRATARLOS BIEN.

REFLEXIÓN PERSONAL

1. El compromiso es el valor fundamental para llegar a su meta. ¿Cuando las cosas se ponen difíciles, se da por vencido, o se esfuerza más para hacer que las cosas vayan mejor?
2. Las personas construyen la esperanza basados en la promesa y confían más en usted cuando entrega esa promesa.
3. ¿Cree que va a tener éxito en los negocios si no mantiene su promesa a los clientes?
4. ¿Le gustan entregar productos de buena calidad y servicio excelente? ¿Está proporcionando a sus clientes lo que usted cree que es correcto?
5. La administracion financiera es en parte la gestión de su dinero para pagar todas las cuentas necesarias, pero también en parte es para ahorrar para su jubilación. ¿Está ahorrando? Si no, cuando se jubile, ¿cómo va a sobrevivir?
6. La administración de la empresa son las actividades en curso. Trate de manejar bien el negocio y ponerse al día con la competencia en el mercado global. Hay empresarios que fracasan dentro de los dos a cinco años de actividad comercial ¿Qué está haciendo de manera diferente para avanzar y no fallar al igual que otros empresarios?

RESUMA EN SUS PROPIAS PALABRAS LO QUE HA APRENDIDO EN ESTE CAPÍTULO.

1.

2.

3.

4.

5.

6.

¿CÓMO VA APLICAR ESTOS PRINCIPIOS EN SU PROPIA VIDA?

CAPÍTULO SIETE

ÉTICA

CÓMO EVITAR QUE EL NEGOCIO CIERRE

— RESEÑA DEL CAPÍTULO SIETE —

ÉTICA: Esta es una regla de oro si quiere progresar, ya sea en la vida o en los negocios. Por ejemplo, si usted quiere tener éxito y permanecer en el negocio por muchos años por venir, trate a los clientes de la manera que le gusta que lo traten a usted. Sea honesto; respete a todos, independientemente de su sexo, edad, ingresos, o procedencia. La publicidad de boca-a-boca es un canal muy fuerte. La ética empresarial correcta se traducirá en personas que confían en usted; clientes, socios de negocios y conexiones. Entonces cuando necesite algo, la gente estará dispuesta a ayudarle.

CAPÍTULO SIETE

ÉTICA - LA REGLA DE ORO

"Si construyes ese cimiento, tanto la moral y el fundamento ético, así como la base del negocio, y la experiencia sólida, entonces el edificio no se va a desmoronar". — Henry Kravis

La mayoría de la gente de negocios son visionarios. Su compromiso y creencia le ayudarán a construir un negocio. La ética y visión, o la capacidad de ver las tendencias del negocio en el futuro, le ayudarán a mantenerse en el negocio siempre y cuando se mantenga al día con los cambios del mercado global.

Thomas J. Watson, Jr. dijo, "Un negocio y sus creencias ayudaron a construir IBM."

En este libro, escribí que el objetivo principal es ayudarlo a aprender las siete lecciones poderosas que pueden brindarle el apoyo para construir la confianza en sí mismo y facilitarle la información necesaria sobre cómo iniciar su propio negocio y tener éxito en este mercado global competitivo.

Ha aprendido que todos tenemos una visión, sueños, o imaginación acerca de hacer algo para cambiar nuestra vida para mejor, pero la diferencia es cómo hacer ese sueño realidad. En primer lugar, usted debe comenzar mediante la visualización del objetivo de negocio, y con ese fin en mente construir la confianza en sí mismo sobre la capacidad que tiene para lograrlo.

A continuación, debe organizar todas las ideas y los pensamientos y escribirlos. Luego, usted aprendió que debe identificar a su base de clientes. Debido a que el comportamiento del cliente difiere de un lugar a otro, y usted tiene que comercializar los productos o servicios, usted tiene que saber quién es su cliente y hay que hacerles saber lo que está ofreciendo.

Finalmente, leyó acerca de por qué usted debe esforzarse por lo mejor: porque quiere que el negocio prospere y lograr que el cliente lo apoye. Por lo tanto, cuando está en el negocio, tiene que estar comprometido, mantener la concentración, ser paciente, persistente y obtener más información sobre el mercado con el fin de tener éxito. Y, sobre todo, hay que ser ético.

Trate a sus clientes con respeto, sea sincero y honesto, de lo contrario los clientes no confiarán en usted y tendrá dificultades en formar buenas conexiones de negocios con personas que le pueden ayudar en momentos de necesidad. Todos tenemos que hacer dinero, pero asegúrese de que usted lo hace con buenas intenciones. Mientras que usted está haciendo dinero, ofrezca productos o servicios de calidad y excelente servicio al cliente. Las malas noticias se propagan más rápido que las buenas noticias, así que sea fiel a sí mismo y a los clientes; de lo contrario fracasará en los negocios.

ÉTICA

"La ética es un código de valores que guían nuestras decisiones y acciones y determinan el propósito y el curso de nuestras vidas." — Ayn Rand, novelista ruso-estadounidense y filósofa (1905 - 1982)

Ética se conoce como la filosofía moral, el concepto del bien y del mal. Aristóteles (384 -322 AC) fue uno de los filósofos griegos que animaron a ambos, estudiosos y ciudadanos comunes, a dirigir la atención desde el mundo exterior y la materia hacia la condición de la humanidad. En los negocios usted está tratando con todo tipo de personas (la humanidad) de diferentes orígenes y creencias. Para ser justo, sea ético al conducir el negocio. No es acerca del dinero y el mundo material, sino que es bueno saber lo que es correcto y lo que es incorrecto. El concepto de lo correcto e incorrecto fijará una conducta moralmente buena cuando trata con personas. Imagínese que usted va a una tienda a comprar algo y el dueño de la tienda le maltrata o le vende algo que no tiene el valor que le ha cobrado. Estoy seguro de que usted va a estar muy molesto y le dirá a todos los que conoce que no deben ir más a esa tienda. Recuerde, usted y el personal del negocio deben tratar a los demás como quieren ser tratados. En su negocio, lo que sea que está vendiendo o el servicio que está

Capítulo Siete
Ética

proporcionando, intente ponerse en los zapatos de su cliente.

Cuando usted es un cliente, ¿cómo le gusta ser tratado? Y ¿está consiguiendo la calidad de los productos o servicios que usted necesita para la cantidad de dinero que paga? Siempre véase a sí mismo como cliente y de esa manera sabe que va a vender buenos productos, o proporcionar un servicio excelente. Uno se siente bien cuando compra un producto o servicio que sabe que vale el dinero que pagó por él y no siente que ha sido engañado. Si se siente bien acerca de lo que paga por los productos o servicios, esto le hará volver una y otra vez para hacer negocios con la misma persona.

Como propietario de un negocio, el cliente recurrente se convierte en el cliente leal, que dará a conocer el negocio por el boca a boca, y este es uno de los métodos más poderosos de publicidad. Este sistema ha estado con nosotros desde el principio de la humanidad. Si tiene suficientes clientes leales, ellos van a traer a sus amigos y familia. Es por eso que se ve crecer a la mayoría de las empresas, en parte debido a los clientes fieles.

Un buen empresario sabrá lo que es correcto para sus clientes. Por lo tanto, trate bien al público y tendrá éxito mediante fomentar clientes leales que son un valor esencial en los negocios. Hay un viejo refrán, "Uno recibe lo que da." Este dicho se refiere a su conducta moral. Un ejemplo perfecto de una mala conducta moral sería si está vendiendo productos que no son buenos, que se rompen fácilmente, productos que dan erupciones en la piel, etcétera, y usted lo sabe pero está vendiendo estos productos sólo para hacer dinero. Si el producto es bueno, pero está cobrando excesivamente al cliente, no es una buena conducta moral. Si está en un negocio de servicios tales como mecánicos de automóviles, jardinería, (o cualquier tipo de servicios), y no soluciona los problemas que tienen los clientes correctamente y todo lo que importa es cuánto van a pagar, entonces con el tiempo se van a cansar de su comportamiento poco ético y van a buscar otros negocios donde pueden tratar con un ser humano decente que se preocupa por los demás.

Hay muchas razones que hacen que un negocio se vaya a la quiebra, pero con un comportamiento poco ético, el dueño de una compañía va a la quiebra más rápido que la mayoría de las otras empresas, porque las personas pierden la confianza y el negocio va a sufrir. Para saber más sobre la ética, lea libros o cualquier otra publicación especial sobre el tema. La mayoría de las empresas tienen sus propias reglas y regulaciones éticas: no al acoso sexual, tratar a todos por igual, etc. Todo el mundo tiene derecho a su propia opinión, siempre y cuando no se rompen las reglas y reglamentos de la empresa y se trate a los clientes con respeto.

Como propietario de un negocio usted debe hacer el mejor esfuerzo para tratar a los clientes por igual, independientemente de la cantidad de dinero que tienen, la edad o procedencia. Dr. Martin Luther King dijo: "Yo tengo el sueño de que mis cuatro hijos vivirán un día en una nación donde no serán juzgados por el color de su piel sino por el contenido de su carácter." Por lo tanto, no tome ventaja o manipule a los clientes y crea que puede salirse con la suya. Sólo recuerde, algún día tendrá que pagar el precio de su comportamiento poco ético. Usted no puede tener éxito con otras 198 personas, si usted no ha pagado el precio de ser honesto con usted mismo. Si usted es ético con los clientes le van a suceder cosas buenas y su negocio va a prosperar.

"He aprendido que la gente olvidará lo que has dicho, la gente olvidará lo que hiciste, pero la gente nunca olvidará cómo los hiciste sentir".— Maya Angelou, autor y poeta afro-americano.

SEA PACIENTE PERO APUNTE ALTO

Las cosas no suceden de la noche a la mañana. Usted puede comenzar su negocio propio. Todo lo que necesita son las cualidades empresariales, tales como: buscar oportunidades, estar orientado hacia el futuro, comprometerse a ser el mejor, investigar el mercado y los clientes potenciales, mantenerse impulsado a trabajar duro, ser creativo, ser realista, estar dispuesto a sacrificarse para lograr su objetivo, y creer en usted mismo.

ALGUNOS PASOS PARA SER PROPIETARIO DE UN NEGOCIO

    Sueñe en grande.
    Tenga visión.
    Tenga fe.

CAPÍTULO SIETE
ETICA

Defina su objetivo de negocio.
Haga un plan de negocios como su hoja de ruta.
Elija un nombre para la empresa que sea fácil de leer y recordar.
Utilice un logo para identificar lo que es y lo que hace.
Cree un lema de ventas para responder a la pregunta de por qué la gente debería hacer negocios con usted.
Haga tarjetas de presentación.

CLASES DE NEGOCIO

Empresa unipersonal: Propiedad de un individuo (Sole proprietorship).
Asociación: Una forma no corporativa de negocios con dos o más propietarios (Partnership).
Sociedad de Responsabilidad Limitada: Un negocio no incorporado o empresa que proporciona responsabilidad limitada a los propietarios. Protege al propietario para que los acreedores no puedan perseguir los bienes personales del propietario con el objeto de pagar deudas del negocio (Limited Liability Company o LLC).
Corporación: Una entidad constituida que tiene un número de accionistas. Es jurídicamente distinta de su propietario y de la responsabilidad personal por la deuda de la corporación (Corporation).

"El pesimista ve dificultad en cada oportunidad. El optimista ve oportunidad en cada dificultad".— Sir Winston Churchill, primer ministro británico y autor (1874-1965).

SEA PERSISTENTE CON UN PROPÓSITO

Usted puede tener éxito en cualquier negocio que desee. No se rinda. Sólo hay que poner la mente en ello y llegará al destino final. Lo más importante es que hay que ser persistente en lo que quiere hacer en la vida. Trate de ser específico acerca de lo que necesita. Las cosas no suceden de la noche a la mañana, de lo contrario todos serían ricos o conseguirían lo que quieren. La diferencia es cuanto está dispuesto a sacrificar y mantenerse enfocado, incluso si las cosas se ponen difíciles. Comience el negocio hoy. Puede comenzar a pequeña escala y construir sobre eso, como la mayoría de la gente lo hace. No espere; sólo hágalo, y con el tiempo usted tendrá éxito. De lo contrario, si usted no hace nada, no tiene suficientes ingresos para pagar todas las cuentas. Algunas personas comienzan a comprometer la ética personal, y roban, estafan a la gente, y se quejan de otras personas. Eso no lo va a ayudar. Ayúdese a sí mismo primero y luego los demás le ayudarán también. No tenga miedo a fallar. Todos tenemos miedo de algo, pero la diferencia es que los valientes son los que conquistan el miedo y siguen adelante para lograr el sueño.

"El éxito significa hacer lo mejor que podemos con lo que tenemos. El éxito es el hacer, no el conseguir; es el intento, no el triunfo. El éxito es un estándar personal, tratando de alcanzar lo más alto que hay en nosotros, llegando a ser todo lo que podemos ser". — Zig Ziglar.

Para establecer un negocio, primero reúna todas las ideas del negocio que a usted le gustaría hacer, a continuación, tome la iniciativa de escribir el plan del negocio. De esa manera, cuando tenga el dinero que necesita para comenzar su negocio, estará más cerca de lograr la visión.

Si no tiene un plan o idea de qué tipo de negocio desea iniciar, incluso si consigue el capital, puede gastar la mayor parte del dinero sin lograr nada. Vaya tan lejos como pueda, Sudamérica, África, Europa o a cualquier lugar para buscar el conocimiento que le ayudará a alcanzar la visión, imaginación creativa, o sueño. Únase a las redes de asociaciones empresariales profesionales, cámaras de comercio, o simplemente trate de conectarse con buenas personas en las que confía.

Si ya está en el negocio y está pensando en expandirse más allá de una tienda, trate de hablar con un consultor de negocios que le puede ayudar con la información adecuada que necesita. El estar rodeado de buenas personas que quieren que usted tenga éxito en la vida es muy importante. Los negocios son como la ciencia, tienes que aprender sobre la marcha para poder descubrir nuevos productos o servicios que ofrecer al mercado o mejorar el rendimiento del negocio.

La mayoría de las empresas cuentan con departamentos de investi-

Capítulo Siete
Etica

gación y desarrollo para mantenerse al día con las nuevas tecnologías y la demanda del mercado. No es diferente con su negocio. Tiene que investigar por usted mismo o puede contratar gente especialista en marketing para ayudarle. Si hace lo mismo una y otra vez sin ningún cambio, sobre todo en esta competencia con el mercado global, se quedará atrás. Así que haga la tarea de encontrar más información para progresar en los negocios. En primer lugar tome la iniciativa, a continuación, busque consultores de negocios, y lea cualquier publicación de negocios apropiada para su visión que pueda encontrar.

Hay muchas maneras de adquirir conocimientos acerca del negocio. La mayoría de las veces, los propios clientes le dan la información que necesita. También puede ver y aprender cómo otras personas hacen negocios a nivel local, estatal y en ferias regionales. Busque en la Internet las fechas para las próximas Ferias Internacionales de Nueva York, París, Tanzania, Nigeria, Alemania o Sudáfrica. La mayor parte de la información estará publicada e incluso se puede solicitar más información a través de los sitios web. Los organizadores de las ferias están abiertos a consultas porque quieren más proveedores que participen para vender productos o servicios.

Las ferias comerciales, como la Feria del Condado de Alameda, han existido desde hace mucho tiempo. Esta última existe desde 1912, (unos 100 años). He sido un vendedor en las ferias del condado Alameda y San Mateo por más de 15 años. Descubrí que la clave de su éxito es la ética. Llevan a cabo negocios con equidad y dignidad para todos y cada uno en la feria. Respetan a la comunidad, por lo que las empresas están teniendo éxito allí año tras año. Esto hace que el negocios de la feria crezca cada año. Incluso en su negocio, usted puede hacerlo crecer sólo con la práctica de lo que es correcto y lo incorrecto. A todo el mundo le gusta ser tratado con respeto, independientemente de su edad o los ingresos. Si no ve ferias en su área, vaya a la cámara de comercio local para obtener información sobre los próximos eventos o sobre los intercambios comerciales que se promueven en su zona.

ALGUNOS DE ESTOS SITIOS PUEDEN AYUDARLE A OBTENER INFORMACIÓN SOBRE FERIAS COMERCIALES EN TODO EL MUNDO

Red de Noticias de Ferias de Comercio: www.tsnn.com
New York: www.newyorkstatefair.org
California: www.californiastatefair.com
   www.sanmateocountyfair.com
   www.alamedacountyfair.com
Tanzania: www.sabasabatradeshow.com

RESUMEN DEL CAPÍTULO SIETE

1. Sea paciente y persistente. Las cosas no vienen con facilidad pero con el tiempo va a conseguir lo que quiere si trabaja duro y se mantiene enfocado.
2. Usted debe estar dispuesto a conquistar el miedo al fracaso: es sólo una parte de la vida. Cuanto más falla, cuanto más se acerca al éxito. Los fracasos lo hacen fuerte, y le dan la sabiduría para no repetir el mismo error. Manténgase enfocado y comprometido con la visión. Nada lo detendrá excepto usted mismo.

"Si quiere salir adelante y disfrutar del éxito en los negocios, sea ético por sobre todas las cosas."— Yassini Kapuya.

La regla subyacente para todo lo correcto e incorrecto:

"No hagas a otro lo que no quieras que te hagan a ti"— Amnistía International.

ESCUCHE A LOS CLIENTES. ELLOS LE DIRÁN QUÉ ES NUEVO EN EL MERCADO Y LE AYUDARÁN A MEJORAR SU NEGOCIO.

REFLEXIÓN PERSONAL

1. ¿A qué ferias está planeando ir?
2. ¿Cuál es el plan para crear conexiones de negocio a negocio?
3. ¿Cuál es su ética de trabajo en comparación con sus competidores?
4. ¿Consultó con la cámara de comercio local acerca de información sobre su negocio?
5. ¿Cree que la ética es muy importante para usted y el crecimiento del negocio?
6. ¿Lee libros sobre ética o hace preguntas a la gente para ayudarle a entender?
7. Observe a la gente que es ética y a los que no lo son. ¿Qué persona le gusta más? ¿Qué le dice esto sobre usted y su éxito en la vida?
8. Si Dios fuera a concederle una habilidad para usar en la vida, ¿qué le gustaría que fuera: lógica, sabiduría, ética o dinero?, ¿Porqué?

Capítulo Siete
Ética

RESUMA EN SUS PROPIAS PALABRAS LO QUE HA APRENDIDO EN ESTE CAPÍTULO.

1.

2.

3.

4.

5.

¿CÓMO VA APLICAR ESTOS PRINCIPIOS EN SU PROPIA VIDA?

RECURSOS Y LIBROS DE REFERENCIA, GOOGLE Y OTROS BUSCADORES.

La mayor cantidad de respuestas a las preguntas que haya en relación a productos y servicios (o información sobre algunas personas), se pueden encontrar en internet y otros lugares como:

CÁMARAS DE COMERCIO.
Le informarán de próximos eventos y qué hacer con su negocio. Tienen otros recursos para ayudarle porque las leyes son diferentes de ciudad en ciudad.
T.I.C. (Tanzania Investment Center o Centro de Inversión de Tanzania).
Ellos van a informarle cómo iniciar un negocio en Tanzania.
LA EMBAJADA DE SU PAÍS DE ORIGEN EN EE.UU.
La mayoría de los países tienen una embajada en los Estados Unidos que usted puede contactar. Ellos tienen una lista de los contactos comerciales que le pueden ayudar.
BETTER BUSINESS BUREAU or BBB (Agencia para el Mejoramiento del Comercio)
La agencia Better Business Bureau de los Estados Unidos y Canadá ofrece recursos para las empresas y los consumidores.
AYUNTAMIENTO (City Hall)
Debe ser contactado para obtener las licencias comerciales en cada ciudad y los requisitos de zonificación.
OFICINA DEL CONDADO (County Office)
Registre su nombre comercial y obtenga otros documentos necesarios.
LIBROS Y CD
El arma más poderosa que puede tener es el conocimiento. lea libros, y escuche cd inspiracionales.
CONSULTORES EMPRESARIALES
Utilizar cualquier medio ético para adquirir conocimientos. También lo puede obtener de los clientes.
CONEXIONES EMPRESARIALES
Asista a ferias, pregunte a otros vendedores para conseguir una nueva ubicación y un distribuidor al por mayor.

Recursos

DEPARTAMENTO DE COMERCIO DE EE.UU. (U.S. DEPARTMENT OF COMMERCE, DOC).
El Departamento de Comercio ofrece una variedad de programas y servicios relacionados con el desarrollo económico, el comercio internacional y los negocios de minorías.
U.S. Department of Commerce
1401 Constitution Ave., NW
Washington, D.C. 20230
Teléfono, conmutador central: (202) 482-2000
Biblioteca: (202) 482-1154

OFICINA DE MARCAS Y PATENTES (Patent and Trademark office)
Esta oficina es una división del Departamento de Comercio que procesa las solicitudes federales de patentes y marcas y publica varios recursos sobre la protección de patentes y marcas.
Teléfono: 1 (800) 786- 9199

PUBLICACIONES COMERCIALES
Los artículos cuentan con el asesoramiento de expertos para las pequeñas empresas sobre temas tales como ventas, marketing, cuestiones técnicas, la financiación empresarial y consejos sobre la compra de productos y servicios de oficina.

> LO MEJOR DE TODO ES ESTAR CONECTADO CON LA GENTE. A VECES NO ES LO QUE USTED SABE SINO A QUIEN CONOCE, Y ESO PUEDE HACER UNA DIFERENCIA.

LIBROS DE REFERENCIA PARA LECTURA ADICIONAL

The Small Business Bible, Second Edition: Everything You Need to Know to Succeed in Your Small Business por Steve D. Strauss

Financial Consulting Services, Second Edition por J.P Kilasara

Mindset: The New Psychology of Success por Carol S. Dewck

Marketing Strategy For Fast Growth por Brian Tracy

The Complete Guide to Running and Growing your Business por Andrew J. Sherman

Little Red Book of Selling por Jeffrey Gitomer

101 Things I Learned in Business School by Michael W. Preis with Matthew Frederick

Goals and Goal Setting, Revised Edition por Larrie Rouillard

Become a Better You: 7 Keys to Improving Your Life Every Day por Joel Osteen

Small Business, Big Vision: Lessons on How to Dominate Your Market from Self-Made Entrepreneurs Who Did it Right por Adam Toren y Matthew Toren.

REFLEXIONES SABIAS

"Aprendí que el coraje no es la ausencia de miedo, sino el triunfo sobre él. El hombre valiente no es el que no siente miedo, pero el que conquista ese miedo".— Nelson Mandela

"Dejar su huella en el mundo es difícil. Si fuera fácil, todo el mundo lo haría. Pero no lo es. Se necesita paciencia, se necesita compromiso, y viene con un montón de fallos en el camino. La verdadera prueba no es si usted evita ese fracaso, porque no lo hará. Se trata de si usted deja que eso lo endurezca o lo avergüence y lo haga caer en la inacción, o si aprende de ello; o si usted elige perseverar".— Barack Obama

"Como pequeño empresario, usted no tiene mayor influencia que la verdad".—John Greenleaf Whittier

"Por cada uno de nosotros que tiene éxito, hay alguien allí que te muestra el camino de salida. La luz no siempre tiene que estar necesariamente en tu familia, para mi fueron los maestros y la escuela".— Oprah Winfrey

"Una visión no es sólo una imagen de lo que podría ser, sino que es una apelación a lo mejor de nosotros mismos, una llamada a convertirse en algo más."—Rosabeth Moss Kanter

"Ganas fuerza, coraje y confianza en cada experiencia en la que realmente te detienes a ver el miedo en las caras."—Eleanor Roosevelt

"Tu trabajo va a llenar gran parte de tu vida, y la única forma de estar realmente satisfecho es hacer aquello que crees que es un magnífico trabajo. Y la única manera de hacer un gran trabajo es amar lo que haces. Si no lo has encontrado todavía, sigue buscando. No te conformes. Como en todos los asuntos del corazón, lo sabrás cuando lo encuentres. Y, como cualquier relación excelente, es mejor y mejor a medida que pasan los años. Así que sigue buscando hasta que lo encuentres. No te conformes ."— Steve Jobs

"Disneylandia es una obra de amor. No creamos Disneylandia con la idea de ganar dinero."—Walt Disney

"La felicidad no viene por hacer un trabajo fácil, sino del resplandor de satisfacción que viene después de la conquista de una tarea difícil que exigió lo mejor de nosotros."— Theodore Isaac Rubin

"La mayoría de las cosas importantes en el mundo han sido logradas por personas que han seguido intentando cuando parecía que no quedaba ninguna esperanza."— Dale Carnegie

"La mayoría de las cosas importantes en el mundo han sido logradas por personas que han seguido intentando cuando parecía que no quedaba ninguna esperanza."— W. Edwards Deming

"Nosotros no vamos a trabajar sólo para obtener un ingreso, sino para encontrar un sentido a nuestras vidas. Lo que hacemos es una gran parte de lo que somos."— Alan Ryan

"Los buenos líderes empresariales crean una visión, articulan la visión, poseen la visión apasionadamente, y sin descanso la impulsan hasta la culminación."— Jack Welch

"El éxito no se debe medir tanto por la posición que uno ha alcanzado en vida sino por los obstáculos que ha superado al tratar de tener éxito."— Booker T. Washington

"Comience por hacer lo que es necesario, luego haga lo que es posible; y de repente estarás haciendo lo imposible." — San Francisco de Asís
"Y así, compatriotas: No preguntes lo que tu país puede hacer por ti. Pregunta qué puedes hacer por tu país."—John F. Kennedy
"Usted puede engañar a todas las personas parte del tiempo; incluso se puede engañar a algunas personas todo el tiempo; pero no se puede engañar a toda las personas todo el tiempo".-Abraham Lincoln

"Si un hombre comenzara con certezas, el terminará en dudas; pero si

Recursos

él estuviera conforme de empezar con dudas, terminará en certeza."— Francis Bacon

"El fracaso es el cimiento del éxito, el éxito es el lugar donde el fracaso está al acecho."—Lao Tse

"Usted no tiene que ser excelente para empezar, pero hay que empezar a ser excelente." — Zig Ziglar

> DESCUBRA MÁS EN LIBROS, EN INTERNET O EN CUALQUIER LUGAR. TRATE DE ALIMENTAR SU MENTE CON INFORMACIÓN POSITIVA QUE LE AYUDARÁ A AVANZAR EN SU VIDA.

GENTE QUE LO INSPIRARÁ

Estas son algunas personas como usted y yo. Todos tenemos nuestra visión, imaginación o sueños. La diferencia es que esta gente tenía confianza y creían en sí mismos. Finalmente, fueron capaces de lograr su objetivo. ¿Cuál es su sueño ahora y que está haciendo ahora para lograrlo? Escríbalo, póngase a trabajar y vea su sueño hecho realidad.

1. *Barack Obama* - El primer presidente afroamericano en los EE.UU. desde el Día de la Independencia en julio de 1776, y después de un poco más de cuatrocientos años de esclavitud.
2. Nelson Mandela - Pasó 27 años en la prisión de Robben Island, pero su sueño era llevar la libertad a Sudáfrica. Después de ser liberado de la cárcel en 1990, fue el primer presidente electo de Sudáfrica y sirvió desde 1994 hasta 1999.

3. *Henry Ford* - Nació 1863 en Michigan, tenía el sueño de hacer coches a un precio bajo para que la mayoría de la gente pudiera costear uno. Comenzó la producción en masa a través de una cadena de montaje. Él cambió la forma en que la mayoría de las compañías productoras trataban de producir a bajo costo para vender más productos.

4. *Oprah Winfrey* - Desde sus humildes orígenes en Mississippi pasó a convertirse en la mujer afroamericana más rica, no sólo en América sino en el mundo, con su programa de entrevistas en Chicago.

5. *Madeleine Albright* - Un inmigrante de Checoslovaquia, trabajó muy duro y rompió con la tradición de lo que ella llama "El club de los varones" para convertirse en la primera mujer en ocupar una posición poderosa en los EE.UU., como Secretaria de Estado desde 1997 hasta el 2001 durante el gobierno de Bill Clinton.

6. *Julius Nyerere* - Nació en 1922, luchó por la Independencia de Tanzania. Finalmente su sueño se hizo realidad cuando, lo que entonces se llamaba Tanganica, obtuvo su independencia en 1961. Se convirtió en el

presidente de la libre Tanganica hasta 1964, cuando el nombre fue cambiado debido a la unificación de Zanzíbar y Tanganica y pasó a conocerse como Tanzania.

7. *Mahatma Gandhi* - (1869 -1948) En 1888 él fue a Londres a estudiar Derecho. En 1907 vivió en Sudáfrica, pero su sueño era luchar por la independencia de India. Regresó a la India en 1915 y fue encarcelado en 1922, 1930 y 1942, pero todavía creía en sí mismo y estaba totalmente comprometido a llevar la libertad a la India. Por último, en 1947, cumplió su sueño y se convirtió en el primer Primer Ministro de la India libre.

8. *Dr. Martin Luther King Jr.* - (1929 -1968) Tenía un sueño de igualdad ante la justicia y equidad para todos. Su liderazgo fue fundamental para el éxito del movimiento que buscaba poner fin a la segregación legal de los afroamericanos en el sur y otras partes de Estados Unidos. Su sueño ha abierto las puertas a muchas minorías que persiguen sus metas sin ser detenidos por el color de su piel.

9. *Steve Jobs* - (1955 - 2011) Cofundador de Apple Computer, Inc. Él era de Cupertino, California, y comenzó el negocio en un garaje. Pero, tuvo la visión, la confianza, y le encantaba lo que estaba haciendo. Se convirtió en el más innovador e hizo la mayoría de los cambios en toda la industria de la computación desde el ordenador personal a la tecnología telefónica.

10. *Reginald Mengi* - Él nació en Tanzania, y en el comienzo de los años 60, mientras estudiaba en la escuela secundaria, trabajaba en las vacaciones para TPC Limited. Él ganaba menos de 100sh. por mes, pero él tenía ambiciones mayores en los negocios. Creó la compañía IPP a mediados de 1980 y ahora es un magnate de la industria y medios de comunicación en Tanzania.

SOBRE EL AUTOR

Yassini A. Kapuya nació en Tanzania. Él es un consultor de negocios especializado y Empresario. Es el fundador de TBX Business Consulting Co.en San Francisco, Co-Fundador de la Cámara de Comercio de Tanzania en América y propietario de Tausi Casual Wear Forever 18. Trabajó en Wells Fargo Bank como Consultor Senior de Membresías y como gerente de oficina de H & R Block Income Tax Preparación Co., en Menlo Park. Escribió este libro basado en su experiencia en los negocios, en su ética de trabajo de más de 20 años y en la inspiración que recibió de sus clientes. Su carrera a través de los años está definida por un patrón ascendente de logros, que van de los más modestos a los más importantes. En 1996, recibió un certificado en Planificación y Gestión Empresarial de una empresa emergente en Menlo Park, CA. En el año 2000, se graduó como Asociado en Administración de Empresas en Foothill College, California. También recibió un certificado en Servicio de Rentas Internas (IRS) de Fresno, California en el año 2000. El señor Kapuya fue el ganador del "150 years Gold Nugget Anniversary of Wells Fargo Bank" para las ventas del 2002. También fue un vendedor galardonado, estando en el 2% superior en las ventas de Wells Fargo Bank en los EE.UU. en el 2003. En el año 2005, obtuvo un diploma de Bachiller en Marketing y Ventas de la Universidad Estatal de San José, en California.

El señor Kapuya es autor de los siguientes libros:
Life is an Uneven Road, edición en inglés.
A Sales Guru's Secret, edición en inglés.
The Seven Powerful Lessons to Succeed in Business, edición en inglés.
7 Lecciones poderosas para tener éxito en los negocios, edición en español.

Made in United States
North Haven, CT
06 April 2023